Schweden
N
Møn
OSTSEE
Ranzow
Arkona, alter Lt.
Arkona, neuer Lt.
Dornbusch
Hiddensee
Kollicker Ort
Sassnitz
Sassnitz
Gellen
Darßer Ort
Rügen
Darß
Bergen
Barth
Stralsund
Greifswalder Oie
Greifswalder
Bodden
Ribnitz-
Damgarten
Peenemünde
Peenemünde
Warnemünde,
Ostmole
Grimmen
Usedom
Petersdorf, U-F.
Greifswald
Wolgast
Rostock
Swine-
münde
Demmin
MECKLENBURG-
VORPOMMERN
Stettiner Haff
Ueckermünde,
Westmole
Güstrow
Ueckermünde
Polen
Neubrandenburg
Waren

Edition Maritim

LEUCHTTÜRME AN DER DEUTSCHEN OSTSEEKÜSTE

Birgit Toussaint

Frank Toussaint

Matthias Hünsch

Edition Maritim

Bibliografische Information der Deutschen Nationalbibliothek
Die Deutsche Nationalbibliothek verzeichnet diese Publikation in der Deutschen Nationalbibliografie; detaillierte bibliografische Daten sind im Internet über
http://dnb.d-nb.de abrufbar

1. Auflage
ISBN 978-3-89225-616-8

Raboisen 8, 20095 Hamburg

Umschlaggestaltung: Buchholz/Hinsch/Hensinger, Hamburg
Karte: PlanStelle Jens Rademacher, Hamburg
Lithografie: scanlitho.teams GmbH, Bielefeld
Druck und Bindearbeiten: DZA Druckerei zu Altenburg GmbH

Printed in Germany 2009

Vertrieb: Delius Klasing Verlag, Siekerwall 21,
33602 Bielefeld
Tel.: 0521 / 5590, Fax: 0521 / 559115
E-Mail: info@delius-klasing.de
www.delius-klasing.de

Inhalt

Holnis | Deutschlands nördlichster Ostseeturm

Holnis heißt eine Halbinsel, die sich weit nach Norden in die Flensburger Förde erstreckt. Nach Flensburg einlaufende Schiffe müssen in einem großen Bogen um sie herum fahren, zumal sie sich in einem Flachwassergebiet fortsetzt. Nachts sind hier Leuchtfeuer unerlässlich, und so entstand schon 1896 nahe der Ortschaft Schausende ein Backsteinleuchtturm. Die zunehmende Bebauung im Ort machte in den 1960er-Jahren einen Neubau erforderlich, der 1967 in Betrieb ging. Der schmucklose Stahlbetonturm mit seiner schlichten Laterne ist mit 26 Metern mehr als doppelt so hoch wie sein Vorgänger. Letzterer stand noch einige Jahre neben seinem Nachfolger, wurde aber 1980 abgerissen. Der neue Leuchtturm erhielt eine Verkleidung aus roten und weißen Fliesen, die jedoch den Witterungseinflüssen nicht standhielt und durch Zementplatten ersetzt werden musste.

Der nördlichste Leuchtturm an der deutschen Ostseeküste markiert als Leitfeuer zwei Abschnitte des Fahrwassers in der Flensburger Förde. Obwohl er an der Westseite der Halbinsel steht, leuchtet er über diese hinweg und kennzeichnet sowohl das Fahrwasser der Innenförde westlich als auch das der Außenförde östlich von Holnis. Das Feuer strahlt also in verschiedene Richtungen. Zusätzlich dient es als Orientierungs- und Quermarkenfeuer. Zu erreichen ist der Leuchtturm am nördlichen Ende von Schausende, das rund 3 Kilometer nördlich von Glücksburg liegt.

Kalkgrund | An der Flensburger Förde

Die Ansteuerung Flensburgs erfordert eine sorgfältige Navigation durch das gewundene Fahrwasser der Förde. Landzungen und Untiefen reichen weit in das fjordartige Gewässer hinein, unter ihnen der tückische Kalkgrund als Fortsetzung des Landvorsprungs Geltinger Birk am Ostausgang der Förde. Ein bereits 1876 nördlich dieser Untiefe ausgelegtes Feuerschiff warnte fast 100 Jahre lang die Schifffahrt vor dieser Gefahr. Feuerschiffe sind jedoch im Betrieb und Unterhalt sehr teuer, weil sie einen hohen Personalaufwand erfordern. Nach dem Krieg strebte man daher langfristig ihren Ersatz durch Leuchttürme oder Leuchttonnen an.

Kalkgrund ist der erste im Wasser errichtete westdeutsche Ostsee-Leuchtturm. Anders als an der Nordseeküste gibt es nur relativ wenige vorgelagerte Sandbänke, sodass die Leuchtfeuer in der Regel auf dem Festland stehen können. Das vereinfacht ihren Bau und Betrieb natürlich erheblich. Der Fall von Kalkgrund stellt eine Ausnahme dar, denn durch seinen Standort am Nordende der Untiefe kann das Leuchtfeuer gleich mehrere Aufgaben erfüllen. Zusammen mit dem dänischen Leuchtturm Kegnæs auf der Insel Als ist Kalkgrund das wichtigste Feuer für die Einsteuerung in die Flensburger Förde von See her.

Darüber hinaus markiert der Leuchtturm mit mehreren farbigen Sektoren einige flache Stellen im äußeren Teil der Förde. So leuchtet es aus ihm heraus rundum in verschiedenen Farben.

Der 24 Meter hohe Leuchtturm Kalkgrund steht auf einem auf Stahlpfählen gegründeten Stahlbetonfundament. Dieses ist besonders stabil, weil es in strengen Wintern zu starker Eispressung kommen kann. Zwar gibt es in der Ostsee keine Gezeiten und demzufolge auch nicht so starke Strömungen wie in der Nordsee, aber dadurch hat das Eis mehr Gelegenheit zum Wachsen, und es kann sich allein durch den Einfluss des Windes zu enormen Barrieren auftürmen. Im Juni 1963 ging mit Kalkgrund der erste automatisierte und fernüberwachte Leuchtturm Deutschlands in Betrieb. Damit läutete er quasi das Ende des Leuchtfeuerwärterberufs ein.

Ein Seekabel vom Leuchtturm Falshöft aus versorgt den Turm mit Energie. Neben der Leuchtfeuereinrichtung verfügt der Turm noch über eine Nebelschallanlage und eine Radarantwortbake. Damit der Turm an seiner exponierten Stelle nicht bei Dunkelheit oder schlechter Sicht von einem unaufmerksamen Schiffsführer gerammt wird, ist er mit einer Anstrahlung durch Scheinwerfer versehen.

Der nur schwer zu erreichende Leuchtturm kann am besten von einem Schiff aus in Augenschein genommen werden, aber auch von der Landseite her ist er zu erblicken. Nördlich von Gelting kann man sich vom Parkplatz an der Windmühle „Charlotte“ aus auf Wanderwegen durch das Naturschutzgebiet Geltinger Birk bis auf etwa vier Kilometer dem Leuchtturm nähern.

Falshöft | Gelöscht und wieder gezündet

Die verschiedenen Sektoren, in denen das Leuchtfeuer Falshöft unterschiedliche Kennungen aussendete, werden auch in der verschiedenartigen Verglasung der Laterne deutlich (rechte Seite).

92 Jahre lang war er in Betrieb und wies den Schiffen den Weg an Angelns Küste vorbei in die Flensburger Förde – der Leuchtturm Falshöft. Am 1. März des Jahres 2002 wurde er abgeschaltet, nachdem das Wasser- und Schifffahrtsamt ihn für entbehrlich erklärt hatte. Falshöft ist ein Opfer der geringer werdenden Bedeutung der Leuchtfeuer. Man kann zwar nicht ganz auf sie verzichten, aber es werden nicht mehr alle von ihnen benötigt. In diesem Fall gelten die Leuchtfeuer von Kalkgrund und Kegnæs in Dänemark als ausreichend. Allerdings, ganz dunkel ist er nicht – ein schwaches weißes Festfeuer darf mit einer Sondergenehmigung der Wasser- und Schifffahrtsverwaltung immer noch aus seiner Laterne scheinen. Für die Navigation hat es aber keine Bedeutung mehr.
Falshöft ist der einzige ganz aus vorgefertigten „Tübbings“ der Isselburger Hütte erbaute Leuchtturm der deutschen Ostseeküste. An der Nordsee finden sich gleich mehrere von ihnen: Borkum, Pellworm, Hörnum, Westerheversand, Helgoland-Düne und Büsum. Im Frühjahr 1910 ging das Leuchtfeuer in Betrieb. Es sicherte als Leitfeuer die Ausfahrt aus der Flensburger Förde und markierte mit roten Warnsektoren gefährliche Flachwassergebiete in der Umgebung. Hierfür erhielt der 24 Meter hohe Leuchtturm eine ungewöhnliche, zweigeteilte Gürtellinse mit verschiedenen Brennweiten.
Das anfängliche Petroleumglühlicht musste im Laufe der Zeit zunächst einem Blaugasglühlicht weichen, ehe der Turm 1963 an das Stromnetz angeschlossen wurde und seither elektrifiziert ist. Erst seit 1961 besitzt er seine markante weiß-rote Farbgebung, zuvor präsentierte er sich in einem schlichten Grau.
Obwohl der Leuchtturm nicht mehr der Navigation dient, ist er eine Attraktion der Gemeinde Pommerby, in deren Besitz er inzwischen übergegangen ist. Heute dient er dem Tourismus als einer der wenigen Leuchttürme der schleswig-holsteinischen Ostseeküste, die bestiegen werden können. Für die Gemeinde fungiert er als Standesamt, und an seinem Fuße tummeln sich im Sommer zahlreiche Camper, denn die Landschaft Angeln – nördlich der Schlei gelegen – ist eine wunderschöne Urlaubsgegend.

Im Jahre 1908 posierten die Monteure der Isselburger Hütte stolz vor dem neu erbauten Leuchtturm.

Schleimünde | Das „Leuchtturm-Chamäleon“

Lange Zeit trug der kleine Leuchtturm auf der Nordmole der Schleimündung einen schachbrettartigen Anstrich.

Eine der schönsten Landschaften Schleswig-Holsteins liegt rings um die Schlei – einem weit ins Land reichenden Meeresarm zwischen den Landesteilen Angeln und Schwansen. An ihren Ufern befinden sich zahlreiche urige Fischerdörfer, und an ihrem Ende liegt die Bischofsstadt Schleswig. Ihre heutige Mündung entstand gegen Ende des 18. Jahrhunderts als künstlicher Durchstich, nachdem zuvor die natürliche Mündung immer wieder versandet war. 1842 wurde diese Engstelle, in der durch die Wirkung des Windes und des schwankenden Wasserstandes der Ostsee beträchtlicher Strom entstehen kann, durch steinerne Molen befestigt.

Auf der nördlichen Mole steht seit 1871 ein kleiner, nur 14 Meter hoher Leuchtturm, der im Laufe der Jahre so oft wie kein anderer sein Äußeres verändert hat. Ursprünglich ein gelber Backsteinturm, erhielt er schon in den 1880er-Jahren einen grauen Anstrich. 1907 erfolgte eine Modernisierung, bei der der Turm mit einer neuen Laterne versehen und wieder gelb gestrichen wurde. Bereits im September 1913 besaß er erneut einen hellgrauen Anstrich. Im Winter 1920/21 ließ man sich etwas Besonderes einfallen und verzierte den Turm mit einem ungewöhnlichen Schachbrettmuster in Rot-Weiß, wobei die Laterne grau blieb. 1955 veränderte sich das Schachbrettmuster in ein schwarzweißes, und im Sommer 1961 pinselte man den Turm abermals um – nunmehr weiß mit schwarzer Laterne, zu der sich drei Jahre später eine schwarze Bauchbinde hinzugesellte.

Das Leuchtfeuer Schleimünde dient als Orientierungsfeuer und zur Ansteuerung der Schlei. Zwei rote Warnsektoren kennzeichnen das Sperrgebiet Schönhagen südlich der Schleimündung sowie den nördlich gelegenen Bredgrund.

Nur mit dem Schiff kann man den Turm erreichen, denn er befindet sich auf der sogenannten Lotseninsel, die allerdings eine Halbinsel ist. Nach Norden hin erstreckt sich ein Vogelschutzgebiet, das nicht betreten werden darf und bei hohem Wasserstand überflutet wird.

Im Sommer kommen neben den Freizeitskippern Heerscharen von Ausflüglern mit dem Dampfer auf die Lotseninsel, um in dem bekannten Restaurant „Giftbude“ einzukehren. Ein Spaziergang zum Leuchtturm auf der Mole zählt dann zum Pflichtprogramm.

Ein schöner Blick auf den Leuchtturm bietet sich auch von der Südmole aus, die nach einer längeren Fußwanderung von Olpenitz aus erreichbar ist.

Leuchttürme, die durch Kollision von Schiffen gefährdet sind, werden bei Dunkelheit häufig angestrahlt. An der rechten Seite des Turms sind die Nebelhörner zu erkennen (rechte Seite).

10
bis Kappeln

Eckernförde | Otterblenden als Taktgeber

Das Licht des alten Leuchtfeuers von Eckernförde schien aus dem großen Fenster hinter dem Balkon (rechte Seite oben).

Eines der jüngsten Leuchtturmbauwerke Deutschlands ist das neue Leitfeuer von Eckernförde (rechte Seite unten).

Unübersehbar wird der Eckernförder Hauptbadestrand von einem modern wirkenden, direkt an der Bundesstraße 76 gelegenen, hohen Betongebäude mit einer roten Plattform überragt. Es könnte sich um ein Eisenbahnstellwerk oder um eine Seenotbeobachtungsstation handeln. Erst bei Dunkelheit wird der wahre Zweck deutlich: Es ist der Leuchtturm von Eckernförde! Das Bauwerk sieht wirklich nicht wie ein Leuchtturm aus, aber es zählt zu den modernsten seiner Art und erfüllt noch heute wichtige Funktionen. Zwar kann die Stadt Eckernförde am Ende der gleichnamigen Bucht nicht verfehlt werden, aber der Seeweg dorthin ist nicht ohne Tücken. Der südliche Teil dieser tief eingeschnittenen Förde ist nämlich zeitweilig ein Sperrgebiet, wenn die Bundesmarine hier Übungen abhält.

Nachdem schon in der zweiten Hälfte des 19. Jahrhunderts verschiedene Feuer der lokalen Schifffahrt gedient hatten, überdeckten erstmals 1907 die Sektoren eines kräftigen Leitfeuers die Eckernförder Bucht. Dieses hatte man in einem großen, viereckigen Leuchtfeuergebäude installiert, das wegen des Steilufers nicht besonders hoch sein musste, um eine ausreichende Feuerhöhe zu erzielen.

Bereits wenige Jahre später verlegte die kaiserliche Marine ihre Torpedoversuchsanstalt von Kiel nach Eckernförde, weil hier ein geeignetes, wenig befahrenes und genügend langes und tiefes Seegebiet für Schießversuche mit Torpedos zur Verfügung stand. Das brachte nun das Problem mit sich, dass der Leitsektor teilweise durch das Sperrgebiet hindurchführte. Zwar behalf man sich durch Anbringung eines Warnsektors, doch die Lösung konnte nur in der Verlegung des Leuchtfeuers bestehen. Jahrzehntelang gab es keine Einigung darüber, wer für die Kosten aufzukommen habe. Erst 1986 konnte das neue Leuchtfeuergebäude weiter nördlich seinen Betrieb aufnehmen. Es ist ein moderner Zweckbau von 27 Metern Höhe mit einer für Leuchttürme völlig unüblichen Architektur. Die leuchtfeuertechnischen Einrichtungen stammen vom alten Gebäude auf dem Klintbarg, das stehen blieb und in ein Wohnhaus umgewandelt wurde.

Während das Leitfeuer mit seinen verschiedenfarbigen Sektoren eine Unterbrochen-Kennung aufweist, markiert ein Blitzfeuer mit Doppelblitzen den das zeitweilige Sperrgebiet kennzeichnenden Warnsektor. Alle Sektoren erhalten ihr Licht von einer 2000 Watt starken Xenon-Hochdrucklampe. Aufgrund dieser unterschiedlichen Taktungen ist im Eckernförder Leuchtturm die letzte Otterblende der deutschen Ostseeküste in Betrieb.

Mit der Inbetriebnahme des neuen Leuchtfeuergebäudes verließ übrigens auch der letzte Leuchtfeuerwärter im Westen der Bundesrepublik seinen Dienstposten. Eckernförde war das letzte Leuchtfeuer, das automatisiert wurde.

Beim Leitfeuer Eckernförde erzeugen Otterblenden in verschiedenen Richtungen unterschiedliche Taktungen (ganz links).

Das Segment einer Gürtellinse bündelt das Licht in die Horizontebene und lässt es in die langgestreckte Eckernförder Bucht hinaus scheinen (links und unten).

Im Jahre 1911 nahm der kleine Leuchtturm am Hafen von Eckernförde seinen Betrieb auf. Sein Feuer leuchtet seit 1981 von einem neuen Turm aus glasfaserverstärktem Kunststoff (GFK). Der alte Turm blieb stehen, erhielt jedoch einen neuen Anstrich in den Eckernförder Stadtfarben Blau und Gelb, damit er nicht mit dem neuen Hafenfeuer verwechselt werden kann (rechte Seite).

Bülk | Leuchtturm mit Café

Alter Leuchtturm mit modernem Antlitz: der Bülker Leuchtturm mit seiner dritten Laterne – ein beliebtes Ausflugsziel.

Die Bülker Huk ist ein Landvorsprung an der Westseite der Kieler Außenförde. Hier soll bereits seit 1815 ein Feuer vom unter dänischer Regie errichteten Lotsen- und Leuchthaus geleuchtet haben. 1844 ging ein erster, nur 16 Meter hoher Leuchtturm in Betrieb. Aber schon 1863 begannen die Dänen mit der Errichtung eines neuen, größeren Leuchtturms, dessen Bau im folgenden Jahr mit Ausbruch des deutsch-dänischen Krieges zum Erliegen kam. Dänemark musste das Gebiet abtreten, und der Weiterbau erfolgte unter preußischer Regie. Der neue Leuchtturm nahm 1865 seinen Betrieb auf.

Der ursprünglich 27 Meter hohe, auf einem aus Findlingen bestehenden Fundament gegründete Turm erhielt zunächst eine Gürteloptik und zeigte ein Festfeuer. Bei einem Umbau im Jahre 1910 erhielt er eine neue Laterne und eine Drehoptik mit Scheinwerferlinsen. Fortan zuckten Blitze über die nächtliche Kieler Bucht. Sechs Jahrzehnte lang war der mit einer roten Bauchbinde versehene weiße Leuchtturm ein charakteristischer Anblick bei der Ansteuerung der Kieler Förde.

In den Jahren 1969/70 erfuhr der Turm eine grundlegende Modernisierung. Er wurde um zwei Meter gekürzt, erhielt ein komplett neues, modern gestaltetes Laternenhaus und wieder eine Gürteloptik. Die Blitze erzeugt heute eine getaktete Halogen-Glühlampe mit einer Leistung von 600 Watt. Außerdem versah man den Turm mit einer Verkleidung aus Asbestzementplat-

euchtturm Kiosk

Nach dem Umbau im Jahre 1910 präsentierte sich der Turm mit neuer (zweiter) Laterne.

ten und einem nunmehr schwarzen Band. Gleichzeitig mit der Automatisierung verließen die letzten Leuchtfeuerwärter das idyllisch gelegene Gehöft.

Das Leuchtfeuer Bülk dient der Orientierung der Schifffahrt am Ausgang der Kieler Förde und kennzeichnet mit einem roten Warnsektor das berüchtigte Flachwassergebiet Stollergrund. Darüber hinaus bezeichnen zwei weiße Leitsektoren die „Richtungsfahrbahnen" des Verkehrstrennungsgebiets südöstlich des Kieler Leuchtturms, in dem alle ein- und auslaufenden Schiffe in räumlich getrennten Bereichen fahren müssen.

Nicht viele Leuchttürme sind so einfach erreichbar wie der von Bülk. Eine Straße führt von Strande aus bis direkt an den Leuchtturm, an dessen Fuß ein kleiner Pavillon Speisen und Getränke anbietet. Im Sommerhalbjahr ist es möglich, den Turm zu besteigen. Nach Überwindung von 98 Treppenstufen kann man von der 22 Meter über dem Erdboden befindlichen Galerie einen herrlichen Ausblick über die Kieler Bucht genießen. Bei guter Sicht sind sogar die dänischen Inseln zu erkennen. Das schöne Ambiente wird lediglich durch das große Klärwerk westlich des Leuchtturms getrübt, in dem ein Großteil der Kieler Abwässer landet.

So sah der Leuchtturm Bülk ursprünglich aus.

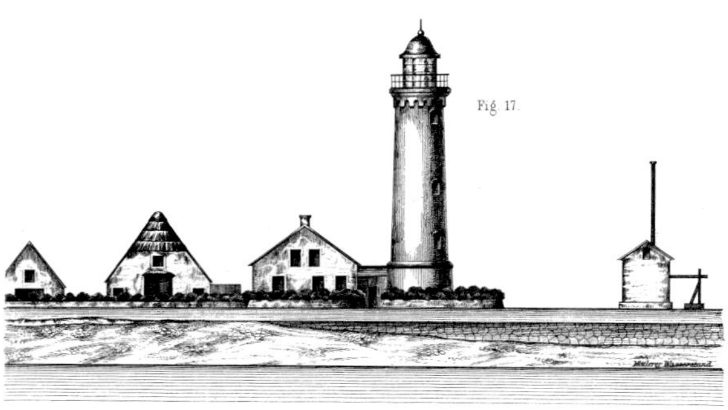

Bülk-Leuchtthurm,
von der Kieler Föhrde aus aufgenommen
(I.Theil, No 59.)

Fragt man einen Einwohner Kiels, welches denn wohl der „Kieler Leuchtturm" sei, so wird man vermutlich in den meisten Fällen auf den Friedrichsorter Leuchtturm verwiesen, der vom Hindenburgufer unweit der Kieler Innenstadt aus so prächtig zu sehen ist. Dass sich der „Leuchtturm Kiel" weit draußen in der Außenförde befindet und von der Stadt Kiel aus kaum zu erkennen ist, wissen zwar die einheimischen Segler, nicht unbedingt aber die übrige Bevölkerung. Es gibt regelmäßig verkehrende Ausflugsschiffe, die von Kiel oder Laboe aus den Leuchtturm ansteuern und ihn umfahren.
Als Kiel 1871 zum Reichskriegshafen auserkoren wurde, war zur sicheren nächtlichen Ansteuerung der Kieler Förde die Installation eines Leuchtfeuers unumgänglich geworden. Hierzu hatten bereits seit 1892 verschiedene Feuerschiffe zur Kennzeichnung der Untiefen Stollergrund und Gabelsflach ausgelegen, und seit 1922 diente das Feuerschiff Kiel vor der Außenförde der Ansteuerung des Hafens. Manche Schiffe nahmen es mit der Ansteuerung allerdings zu genau, wie etwa der finnische Frachter, der am 4. Januar 1957 das Feuerschiff rammte. Nur mit Mühe konnte es vor dem Sinken bewahrt werden. Die ständige Gefährdung der Besatzung sowie die hohen Unterhaltskosten führten schließlich in den 1960er-Jahren zu Überlegungen, das Feuerschiff durch eine künstliche Insel zu ersetzen, die neben dem Leuchtfeuer auch eine Lotsenstation beherbergen sollte.

Dazu entstanden zunächst im Kieler Hafen drei riesige Betonschwimmkästen, die später zentimetergenau an der vorbereiteten Stelle auf 13 Meter Wassertiefe abgesenkt wurden. Sie bilden zwei im 90-Grad-Winkel stehende Molen, die bei jeder Windrichtung einen geschützten Liegeplatz für die Lotsenversetzboote bieten. Den 55 Tonnen schweren Leuchtturm setzte schließlich ein Schwimm-

Im Innern des Leuchtturms Kiel: Wendeltreppe im Turmschaft (oben) und Gürtellinse mit Drehblende (unten).

kran auf das Fundament. Das 33,5 Meter hohe Bauwerk ist der einzige größere deutsche Leuchtturm aus Aluminium.
Am 5. Juli 1967 erfolgte die Inbetriebnahme des Leuchtturms, von Anfang an automatisiert und von der Verkehrszentrale in Travemünde ferngesteuert. Die Stromversorgung erhält die Station über ein Hochspannungskabel vom Leuchtturm Bülk her. Bei Stromausfall dienen zwei Dieselaggregate der Energieversorgung. An leuchtfeuertechnischen Einrichtungen verfügt der Turm über eine 101 Zentimeter hohe Gürtellinse mit 300 Millimetern Brennweite, in der eine 400 Watt-Halogen-Metalldampflampe leuchtet. Die Kennung wird durch eine rotierende Umlaufblende erzeugt. Außerdem ist auf der Station noch eine Nebelschallanlage in Betrieb.
Der Leuchtturm Kiel hat gleich mehrere navigatorische Aufgaben. Als Orientierungsfeuer dient er der Ansteuerung der Kieler Förde auf dem Kiel-Ostsee-Weg sowie über den Kiel-Fehmarnsund-Weg. Ein Leitsektor kennzeichnet die schmale Stollergrundrinne, und weitere rote und grüne Sektoren markieren die Untiefen Stollergrund, Gabelsflach und Kleverberg. Außerdem befinden sich eine Radarantwortbake und Messeinrichtungen des Bundesamtes für Seeschifffahrt und Hydrographie, des Deutschen Wetterdienstes und des Kieler Instituts für Meereskunde auf dem Turm.

Kiel-Friedrichsort | Baden am Leuchtturm

Die handkolorierte Postkarte zeigt den Friedrichsorter Leuchtturm nach der Erhöhung 1889 (oben).
Die Laterne ist 1936 gegen eine modernere Form ausgetauscht worden (unten).
Die Laterne von 1936 mit einem filigranen Unterbau auf dem Heinrich-Rixen-Platz in Kiel-Friedrichsort (rechte Seite).

Die sogenannte Friedrichsorter Enge trennt die Kieler Innenförde von der Außenförde und weist eine Breite von nicht einmal einem Kilometer auf. Diese Stelle bietet geradezu ideale Voraussetzungen für ein Leuchtfeuer zur Ansteuerung Kiels. Tatsächlich wurde bereits seit 1815 von der nahe gelegenen Bastion „Prinz Georg" ein Feuer gezeigt. 1866 entstand auf einer Steinschüttung in der Förde selbst ein 10 Meter hoher Leuchtturm aus Gelbklinker, den man im Laufe der Jahrzehnte immer wieder veränderte und erhöhte und mit neuem Anstrich versah. Die geringe Größe des Turms stand im Gegensatz zu seiner großen navigatorischen Bedeutung, denn er markierte als Leitfeuer die Ansteuerung der Kieler Innenförde, des Ankerplatzes und Stützpunktes der kaiserlichen Flotte. Hierzu zeigte er eine Vielzahl verschieden gekennzeichneter Sektoren und diente überdies zeitweise auch als Erprobungsträger für ein Leitstrahl-Funkfeuerverfahren. 1936 – im Jahr der ersten Olympischen Segelwettbewerbe in Kiel – erhielt der Turm eine neue, von der Firma Pintsch stammende Laterne, die jedoch nicht mehr rechtzeitig zur Olympiade fertiggestellt werden konnte.

In den 50er- und 60er-Jahren des vergangenen Jahrhunderts bereitete der Friedrichsorter Leuchtturm den Nautikern zunehmend Kopfzerbrechen. Von Weitem war das Feuer vor der erleuchteten Kulisse der Stadt Kiel schwer auszumachen. In geringer Entfernung strahlte es direkt in die Kommandobrücken der dicht passierenden Schiffe und blendete deren Besatzungen. So entschloss man sich zu einem erheblich größeren Neubau, der in den Jahren 1969–1971 direkt neben dem alten Turm als Stahlbetonkonstruktion emporwuchs. Gleichzeitig vergrößerten künstliche Aufschüttungen die Leuchtturminsel erheblich. Diesmal rechtzeitig zu den nächsten Olympischen Segelwettbewerben, nämlich im Oktober des Jahres 1971, nahm der mit 32 Metern mehr als doppelt so hohe neue Leuchtturm seinen Betrieb auf. Der alte Turm blieb noch zwei Jahre stehen, ehe

man ihn bis auf einen kurzen Stumpf abtrug.
Nach wie vor erfüllt der Leuchtturm Friedrichsort die wichtige Aufgabe, die Ansteuerung der Kieler Innenförde zu markieren. Hierzu zeigt er einen Leitsektor mit weißer Festfeuerkennung. Weitere getaktete Sektoren, die als Warnsektoren, Quermarken und zur Markierung der Reede vor dem Nord-Ostsee-Kanal dienen, sind durch grüne und rote Farben gekennzeichnet. Als Lichtquelle dient eine Halogen-Metalldampflampe in Verbindung mit einer Gürtellinse.
Nördlich des Leuchtturms erstreckt sich der Falckensteiner Strand, der „Hausbadestrand" der Kieler Bevölkerung. Hierher kann man mit dem Schiff, Bus, Fahrrad oder Auto gelangen, und an schönen Sommertagen tummeln sich entsprechend viele Badegäste. Die Leuchtturminsel ist inzwischen durch Versandung meistens trockenen Fußes erreichbar und wird – obwohl sie eigentlich nicht betreten werden darf – gern von Anglern und Sonnenanbetern genutzt.
An den alten Friedrichsorter Leuchtturm erinnert noch der Sockel des Turmschafts, der nach wie vor auf der Leuchtturminsel steht. Die alte Laterne zierte für einige Jahre den „Bootshafen" in der Kieler Innenstadt. Nach der Restaurierung kehrte sie im Jahre 2003 nach Friedrichsort zurück und bereichert seither als Denkmal den Heinrich-Rixen-Platz.

Der neue Leuchtturm auf der wesentlich vergrößerten Insel in der Friedrichsorter Enge. Links ist der weiße Stumpf des alten Turms zu erkennen.

Kiel-Holtenau | Schleuseneinfahrt zum NOK

Neben seiner Bedeutung als Fährhafen und Marinestützpunkt steht Kiel noch in weiterer Hinsicht im Brennpunkt des Seeverkehrs: Im Stadtteil Holtenau befindet sich das östliche Ende der meistbefahrenen künstlichen Wasserstraße der Welt, des Nord-Ostsee-Kanals, mit den Holtenauer Schleusen. Der 99 Kilometer lange Kanal erspart auf dem Weg von der Nordsee zur Ostsee oder umgekehrt Schiffen bis zu 235 Metern Länge und 32,5 Metern Breite den langen und manchmal nicht ungefährlichen Umweg um Jütland herum.
1895 erfolgte unter der Bezeichnung „Kaiser-Wilhelm-Kanal“ die feierliche Eröffnung. Die östliche Einfahrt markieren seither zwei Molenfeuer, von denen das südliche 1914 bei der Kanalverbreiterung und dem Bau der Neuen Schleusen versetzt werden musste. Der nördliche Leuchtturm ist ein 20 Meter hoher Backsteinturm in verspielter wilhelminischer Architektur. Er stellt gleichzeitig ein Denkmal für die Eröffnung des Kanals dar und trägt über der reich verzierten Eingangstür eine die Verbindung von Nord- und Ostsee symbolisierende Bronzeplastik. Im Innern befindet sich die „Drei-Kaiser-Gedächtnishalle“ mit Wandtafeln zu Ehren der drei deutschen

Zur Kieler Woche kommen regelmäßig zahlreiche Traditionssegler durch den Nord-Ostsee-Kanal nach Kiel und machen teilweise am Tiessenkai in Holtenau fest. Der hübsche Backsteinleuchtturm markiert die Nordseite der Kanaleinfahrt bei den Alten Schleusen.

Bei den Neuen Schleusen wird die Südseite der Kanaleinfahrt durch einen schmalen Stahlgitterturm gekennzeichnet (rechts).

Kaiser, unter denen der Bau des Kanals erfolgte: Wilhelm I., Friedrich III. und Wilhelm II. Zwar ist der Leuchtturm nicht allgemein der Öffentlichkeit zugänglich, doch steht er regulär für standesamtliche Trauungen zur Verfügung. Vom Leuchtturm und vom nahe gelegenen Tiessenkai mit dem historischen Kanalpackhaus aus bietet sich ein schöner Blick auf den Schiffsverkehr von und zur Schleuse.

Die historische Postkarte zeigt das südliche Einfahrtsfeuer mit seiner ursprünglichen Laterne.

Als Molenfeuer an der Südseite der Schleuseneinfahrt dient ein rotweiß gestrichener Eisengitterturm. Die lang gestreckte Mole trägt die Bezeichnung Nordmole, weil sie zugleich den Scheerhafen der Bundesmarine nach Norden begrenzt. Heutzutage wird hier Kies umgeschlagen, aber die Mole ist zu Fuß immer noch zugänglich. Das südliche Molenfeuer erhielt im Jahre 1998 eine neue Laterne mit Radarantenne. Die alte Laterne mit ihrem schönen Kupferhelm steht heute vor dem Internationalen Maritimen Museum in der Hamburger HafenCity.

Im Jahre 1918 konnte mit der Inbetriebnahme des Leuchtturms Neuland die letzte große Lücke in der Befeuerung der deutschen Ostseeküste geschlossen werden. Bis dahin hatte die lange Strecke zwischen der Insel Fehmarn und der Kieler Förde im Dunkeln gelegen. So entstand in den Jahren 1915/16 unweit der Ortschaft Behrendsdorf ein 40 Meter hoher, schlanker, achteckiger Backsteinturm. Der im Sommer 1918 gezündete Turm erhielt schon nach zwei Jahren einen rot-weißen Anstrich.
In dieser Form leuchtete das Feuer Neuland 57 Jahre lang unverändert über die Hohwachter Bucht, erst 1977 gab es eine Änderung in der Kennung. 1985 entfernte man den Anstrich im Rahmen einer Grundinstandsetzung des Turms, sodass er sich seitdem wieder im Ursprungszustand präsentiert.
Allerdings war seit dem Bau der Fehmarnsundbrücke Anfang der 1960er-Jahre seine navigatorische Bedeutung erheblich zurückgegangen. Die Großschifffahrt fuhr nunmehr um Fehmarn herum, und Neuland besaß nur noch lokale Bedeutung. Auch die Automatisierung konnte letztlich nicht verhindern, dass das Feuer 1996 ersatzlos gelöscht wurde.
Glücklicherweise fand sich eine neue Verwendung für den denkmalgeschützten Leuchtturm. In der Hohwachter Bucht liegen die beiden Warngebiete Putlos und Todendorf, in denen die Bundeswehr zeitweilig Schießübungen durchführt. Während dieser Zeiten darf das Schießgebiet nicht befahren werden, dies wird u.a. durch farbige Blitzfeuer kenntlich gemacht. Hierzu hatte die Bundeswehr etwa Mitte der 1980er-Jahre einheitliche weiße Türme mit roter Laterne in Heidkate, Hubertsberg, Wessek, Blankeck und Heiligenhafen errichtet und mit Spiegeldrehfeuern versehen. Gelbes Blitzfeuer zeigt Schießbetrieb im Warngebiet Todendorf an, rotes Blitzfeuer gilt entsprechend für Putlos. Sind beide Gebiete gesperrt, zeigen die Türme ein gelb-rotes Wechselfeuer. Drei Jahre nach seiner Löschung erhielt auch der Leuchtturm Neuland eine solche Drehoptik und fungiert seit 1999 ebenfalls als Warnfeuer.
Zweimal in jedem Sommer veranstaltet die Gemeinde Behrendsdorf die „Leuchtturmtage" in Neuland, an denen die Besucher den sonst der Öffentlichkeit nicht zugänglichen Leuchtturm besichtigen und erklimmen können.

Viele Jahre hindurch hatte der Leuchtturm Neuland einen zweifarbigen Anstrich.

Heiligenhafen | Zweimal erneuert

Heiligenhafen ist ein beliebter Ferienort auf dem holsteinischen Festland gegenüber der Insel Fehmarn mit einem großen Yachthafen. Schon seit Langem gibt es hier auch einen bedeutenden Fischereihafen, der von Osten her durch eine schmale Zufahrt zugänglich ist. Bereits 1885 leuchtete an dieser Stelle ein Feuer, zunächst als einfache Schiffslaterne in der Ecke des sogenannten „Strandhauses". Nachdem dieses abgebrannt war, errichtete man 1907/08 einen eigenen, wenn auch kleinen Leuchtturm, dessen Zündung am 1. Januar 1910 erfolgte. Offenbar hielt das Mauerwerk den Witterungseinflüssen auf Dauer nicht stand, sodass er 1938 durch einen neuen Leuchtturm ersetzt wurde. Dieser steht östlich von Heiligenhafen direkt an dem hier nicht sehr hohen Steilufer und weist als Leitfeuer der Schifffahrt den Weg in den Hafen.
Der Bau ist ein relativ schmuckloses viereckiges Gebäude mit einer runden weißen Laterne.

Am seeseitigen Mauerwerk sind die drei Jahreszahlen angebracht, zu denen jeweils ein neues Leuchtfeuergebäude errichtet wurde: 1885 – 1907 – 1938.

Obwohl er nicht sehr hoch ist, kann man den Leuchtturm Heiligenhafen auch von der Landseite her schon von Weitem sehen (oben).

Fünf schlichte weiße Signaltürme mit roter Laterne stehen rings um die Hohwachter Bucht. Sie warnen mit rotem oder gelbem Blitzfeuer vor Schießbetrieb der Bundeswehr. Hier der östlichste Turm nahe Heiligenhafen (links).

Flügge | Der Klassiker auf Fehmarn

Der Flügger Leuchtturm ist sicherlich der auffälligste unter seinesgleichen auf der Ostseeinsel Fehmarn, entspricht er doch mit seiner rot-weiß gestreiften Farbgebung dem klassischen Bild eines Leuchtturms. Ganz im Südwesten der Insel auf der Halbinsel Krummsteert gelegen und nur über enge Nebenstraßen erreichbar, dient der Turm als Orientierungsfeuer sowie als Oberfeuer einer Richtfeuerlinie durch den Fehmarnsund. Als zugehöriges Unterfeuer dient der kleine Leuchtturm Strukkamphuk.

Der 37 Meter hohe, mit roten und weißen Kunststoffplatten verkleidete Backsteinturm ist fast ein Zwilling zum Leuchtturm Neuland, dessen Inbetriebnahme aber etwas später stattfand. Es handelt sich nicht um das erste Seezeichen an dieser Stelle: Seit 1872 stand hier ein 16 Meter hoher gelber Leuchtturm, nachdem eine auffällige Baumgruppe, das „Flügger Holz", das der Schifffahrt lange Jahre als Landmarke gedient hatte, abgestorben war. Schon nach wenigen Jahren ersetzte ihn der heutige, mehr als doppelt so hohe Turm, der 1916 in Betrieb ging.

Als letztes der bedeutenden Leuchtfeuer wurde Flügge erst 1954 auf elektrischen Betrieb umgestellt, zuvor diente Flüssiggas-Glühlicht als Lichtquelle.

Während das Licht des Orientierungsfeuers durch eine Gürtellinse in die Horizontebene gebündelt wird und aus der fast rundum verglasten Laterne scheint, strahlt das Oberfeuer aus einem runden Fenster unterhalb der oberen Galerie.

Es wird mit einer separaten Lampe erzeugt und weist eine andere Kennung auf, nämlich ein Festfeuer.

Damit ist Flügge/Strukkamphuk eines der wenigen Beispiele von Richtfeuern, bei denen Ober- und Unterfeuer nicht gleichgängig sind.

Der Flügger Leuchtturm steht zu bestimmten Zeiten Besuchern für eine Turmbesteigung offen. Auch geheiratet werden kann in diesem eindrucksvollen Turm.

Um auf die Besuchergalerie des Flügger Leuchtturms zu gelangen, müssen 162 Stufen erklommen werden.

Strukkamphuk | Klein, aber wichtig

Der niedrige Betonturm von Strukkamphuk ist vermutlich einer der kleinsten Leuchttürme an unseren Küsten. Er misst gerade einmal 5 Meter, hat aber dennoch eine wichtige Bedeutung für die Schifffahrt. Seine Hauptaufgabe besteht in der Funktion des Unterfeuers zum Flügger Leuchtturm, mit dem zusammen er eine Richtfeuerlinie für die Durchfahrt durch den Fehmarnsund von Ost nach West bildet. Außerdem dient das Feuer der lokalen Orientierung in der Lemkenhafener Wik.
Schon seit 1854 ist für diese Stelle ein Leuchtfeuer überliefert. 1896 fungierte ein kleines achteckiges, eisernes Laternenhäuschen als Unterfeuer. Vier Jahrzehnte später war es aber in einem so schlechten Zustand, dass man es durch den heutigen kleinen Betonturm ersetzte. Dieser steht leicht erreichbar am Rande eines Campingplatzes.

Sechs kleine Halogenglühlampen in einer automatischen Wechselvorrichtung sind ein Garant dafür, dass das Feuer Strukkamphuk möglichst wartungsarm ist (rechts).

Zwei Segmente einer Gürtellinse führen zu einer erhöhten Lichtstärke in zwei verschiedenen Sektoren. Das Rohr dient der genauen Justierung der Lampe (unten).

Die Halogen-Metalldampflampe befindet sich genau im Brennpunkt der Gürtellinse. Weil Gasentladungslampen längere Zeit brennen müssen, wird die Taktung durch eine rotierende Blende erzeugt (oben).

Wenige Jahre nach Flügge ging 1882 der Leuchtturm von Westermarkelsdorf in Betrieb. Er steht an der nordwestlichen Ecke Fehmarns, der Markelsdorfer Huk, direkt hinter dem Ostseedeich. Als Einziger ist er in der originalen gelben Farbgebung erhalten, hat jedoch im Laufe der Zeit eine Reihe von Umbauten über sich ergehen lassen müssen. Bereits 1902 musste der Turm von zwölf Meter auf heute 17 Meter erhöht werden, und 1950 bekam er eine neue Laterne.

Starken Veränderungen war auch die Leuchtfeuertechnik unterworfen. Sorgte anfangs eine Petroleumdochtlampe für das nötige Licht, versahen später ein Benzol-Glühlicht und elektrische Glühlampen ihren Dienst. Seit 1999 ist eine wartungsarme Halogen-Metalldampflampe in der Gürteloptik installiert, und eine Umlaufblende erzeugt die Kennung.

Der idyllisch gelegene Leuchtturm lehnt sich direkt an das ehemalige Wärterhaus an, das heute zu Wohnzwecken genutzt wird. Das Feuer dient der Orientierung entlang des Kiel-Ostsee-Weges und warnt mit einem roten Farbsektor vor dem Flachwassergebiet westlich von Fehmarn.

Fehmarns Leuchttürme

Alter und neuer Turm Marienleuchte sind nur wenige hundert Meter voneinander entfernt (oben). Zum Anwesen zählt auch der alte Stall (unten).

Das älteste Leuchtfeuer Fehmarns befindet sich auf der Ohlenburgshuk direkt am Fehmarnbelt. Hier, nahe dem für zahlreiche Strandungen berüchtigten Puttgardenriff, war vermutlich schon zu Beginn des 19. Jahrhunderts eine Feuerbake in Betrieb gewesen. Am 28. Oktober des Jahres 1832, dem Geburtstag der dänischen Königin Maria Sophie Frederike, wurde das neue Feuer gezündet und aus diesem Anlass „Mariefyr" genannt. Der Name hat sich in deutscher Form bis heute als Ortsname erhalten.

„Mariefyr" war kein klassischer Leuchtturm, sondern ein recht großes rechteckiges Gebäude mit Krüppelwalmdach und hohem quadratischen Mittelteil, gekrönt von einer eisernen Laterne. Dem damaligen Stand der Leuchtfeuertechnik entsprechend, erhielt das Feuer zunächst eine drehbare Apparatur mit Rüböllampen und Hohlspiegeln, angetrieben durch ein Gewichtsuhrwerk. 1877 wurde die Spiegeloptik durch einen drehbaren

Fresnelschen Linsenapparat mit zehn Linsenfeldern von je 250 Millimetern Brennweite ersetzt. 1919 elektrifiziert, blieb das Feuer in dieser Form bis zum Jahre 1967 in Betrieb.
In den 1960er-Jahren gewann die Marienleuchte mit Eröffnung der Vogelfluglinie über den Fehmarnbelt zusätzliche Bedeutung und sollte erhöht werden. Aufgrund des baulichen Zustands kam jedoch für das mittlerweile 135 Jahre alte Gebäude eine Aufstockung nicht mehr infrage. So entstand 1964/65 nördlich des alten „Mariefyr“ ein neuer, 33 Meter hoher, schlanker Stahlbetonturm. Mit der vom alten Feuer übernommenen Drehlinsenoptik ging der neue Leuchtturm im April 1967 in Betrieb. Wie bei manch anderen Leuchtturmbauwerken aus dieser Zeit erwiesen sich die roten und weißen Fliesen am Turmschaft als nicht witterungsbeständig und mussten durch Glasalplatten ersetzt werden. Äußerlich ähnelt der Turm stark dem von Holnis an der Flensburger Förde. Er ist aber höher und besitzt eine etwas andere Laternenform. Das Feuer dient der Orientierung im Fehmarnbelt, zeigt hierzu Quermarken und kennzeichnet mit einem roten Warnsektor das Puttgardenriff.
Das alte Gebäude des „Mariefyr“ ist erhalten geblieben und unter Denkmalschutz gestellt worden. Es steht jedoch seit Jahren leer, und die Spuren des Verfalls sind inzwischen nicht mehr zu übersehen.

Im Bild auf der rechten Seite ist sehr schön das zweifarbige Mauerwerk zu erkennen.

Blickt man innerhalb der riesigen Gürtellinse nach oben, zeigt sich dieses eindrucksvolle Muster (unten).

Obwohl die Ostspitze Fehmarns ein besonders vorspringender Punkt der Insel ist, blieb diese Ecke kurioserweise bis in das 20. Jahrhundert unbefeuert. Erst die Strandung eines Torpedobootes der kaiserlichen Marine gab den Anstoß, auf Staberhuk einen Leuchtturm zu errichten. Im Jahre 1903 wuchs hier ein besonders stämmiger Mauerwerkturm aus Gelbklinker empor. Kurz zuvor war auf Helgoland ein neuer Leuchtturm mit einer neuartigen Leuchtfeueroptik in Betrieb gegangen, und so kam man auf die Idee, die Laterne und Optik des alten, sogenannten „Englischen Leuchtturms" auf Helgoland nach Staberhuk zu verfrachten und auf den dortigen Turm zu setzen. Es muss ein kompliziertes Unterfangen gewesen sein, denn nicht nur die gusseiserne Laterne war besonders groß und schwer, die Gürtellinse mit einer Höhe von 241 Zentimetern und einer Brennweite von 925 Millimetern ist die größte Linsenoptik, die je in einem deutschen Leuchtturm installiert wurde. Mit der Laterne erreicht der Turm eine Höhe von 22 Metern.

Ab dem 17. März 1904 leuchtete nach kurzzeitigem Probebetrieb das neue Leuchtfeuer über die Mecklenburger Bucht. 1928 erfolgte die Umstellung der Lichtquelle auf elektrische Glühlampen, aber erst 1974 übernahm die Elektrizität auch die Drehung der Umlaufblenden, mit denen das Feuer seine Kennung erzeugt. Die riesige Gürtellinse aus dem Jahre 1875 versieht immer noch ihren Dienst.

Die größte Gürtellinse in Deutschland stammt vom Englischen Leuchtturm auf Helgoland und ist seit 1904 in Staberhuk in Betrieb.

Ein schmaler grüner Sektor kennzeichnet die Richtung zur Ansteuerungstonne Fehmarnsund.
Zwei Besonderheiten des Leuchtturms Staberhuk sind noch erwähnenswert: Auf der Westseite des Turmschafts zeigten sich schon bald Verwitterungsspuren in den Gelbklinkersteinen, die durch härtere rote Ziegel ersetzt werden mussten. Auf der Ostseite besitzt der Turm hingegen die ursprüngliche Verklinkerung. Er wirkt daher aus bestimmten Richtungen längsgestreift.
Schließlich sei noch auf die Bedeutung des Leuchtturms für die bildende Kunst hingewiesen. Der Expressionist Ernst Ludwig Kirchner quartierte sich zwischen 1908 und 1914 mehrmals auf Staberhuk ein und ließ sich durch die wunderschöne abgeschiedene Lage des Leuchtturmgehöfts zu einigen seiner Kunstwerke inspirieren. So wurde das Haus am Leuchtturm zum gelegentlichen Treffpunkt der Dresdner Künstlergruppe „Brücke“.

Halogen-Metalldampflampen haben eine so hohe Lebensdauer, dass als Ersatz eine weitere Lampe ausreichend ist. Störungen werden automatisch an die Revierzentrale weitergemeldet (links oben).

Der schmale grüne Sektor weist zur Ansteuerungstonne für den Fehmarnsund (links unten).

Dahmeshöved | Das „Licht der Freiheit“

Als einer der wenigen Ostseetürme besitzt Dahmeshöved noch seine ursprüngliche Laterne mit dem Kuppeldach (rechte Seite).

Der unweit vom Leuchtturm stehende kleinere Backsteinturm mit Spitzdach ist ein Beobachtungsturm, den die Marine im Jahre 1939 errichten ließ.

Eine „Höved“ – dieser Begriff stammt aus der Zeit der dänischen Regentschaft über Schleswig-Holstein – ist ein erhöhter Landvorsprung, oftmals ein geeigneter Standort für ein Leuchtfeuer. Auf der zwischen den Ostseebädern Dahme und Kellenhusen gelegenen Dahmeshöved entstand in den Jahren 1878/79 ein 28 Meter hoher, achteckiger Backsteinturm mit einer runden eisernen Laterne. Dieses Feuer sollte die große Lücke in der Befeuerung zwischen Fehmarn und Neustadt schließen. Am 1. Februar des Jahres 1880 gezündet, dient es seither als weitreichendes Seefeuer der Orientierung in der Mecklenburger Bucht. Zwischen dem Ende der 1920er-Jahre und 1982 besaß der Turm einen roten Anstrich mit einem weißen Band in der Mitte. Danach entfernte man den Anstrich, sodass sich der Turm wieder in seinem ursprünglichen Zustand präsentiert.

Eine Besonderheit dieses Leuchtturms ist die ungewöhnliche Optik. Eine Gürtellinse wird von fünf Gruppen zu je drei Zylinderlinsen umlaufen. Diese Zylinderlinsen bündeln das Licht in horizontaler Richtung und erzeugen so Blitze, während die Gürtellinse die vertikale Bündelung in die Horizontebene besorgt. Damit zeigte das Feuer Dahmeshöved ein Festfeuer mit überlagerten Blitzen. Solche Mischfeuer sind in Deutschland jedoch nicht mehr üblich. Zwischen den Zylinderlinsen angebrachte Abdeckblenden lassen das Feuer heute als reines Blitzfeuer mit drei Blitzen alle zwölf Sekunden erscheinen.

Nicht unerwähnt bleiben sollte, dass Dahmeshöved zahlreichen Flüchtlingen aus der DDR als Orientierungspunkt diente, die nachts ihre gefahrvolle Flucht über die Mecklenburger Bucht in den Westen antraten. Das Leuchtfeuer war für sie quasi das „Licht zur Freiheit“.

Besucher können den Leuchtturm Dahmeshöved von Dahme aus über eine kleine Straße erreichen. Fast täglich ist der Turm für die Öffentlichkeit besteigbar und bietet einen herrlichen Ausblick auf die Ostsee. Da der Turm auch als Standesamt fungiert, können Hochzeitspaare sich hier das Jawort geben.

Pelzerhaken | Der Leuchtturm von Neustadt

Pelzerhaken dient als Orientierungsfeuer in der Lübecker und Neustädter Bucht und kennzeichnet mit einem roten Warnsektor die Untiefe Steinriff.

Die historische Ansicht zeigt den Leuchtturm noch vor seiner Erhöhung, aber schon mit neuer Laterne (unten).

Östlich von Neustadt in Holstein, direkt am Strand und von Ferienhäusern umgeben, steht der viereckige, aus roten Ziegeln gemauerte Leuchtturm Pelzerhaken. Hier stand schon 1842 ein kleiner viereckiger Leuchtturm.

Es ist nicht ganz klar, ob der heutige, 19 Meter hohe Turm eine Aufstockung des alten, mehr als 160 Jahre alten Turms darstellt oder ob er im Jahre 1936 komplett neu gebaut wurde, wie es die „Nachrichten für Seefahrer" vermelden. Möglicherweise nahm man es zu dieser Zeit nicht so genau. Jedenfalls prangt an der seeseitigen Seite des Backsteinturms unübersehbar die Jahreszahl 1936 mit dem damals wohl unvermeidlichen Hoheitsadler.

Die runde Laterne mit ihrem flachen Kegeldach entspricht in ihrer schlichten Form anderen Leuchttürmen Holsteins wie etwa Heiligenhafen oder Westermarkelsdorf.

Vermutlich schon zu Beginn des 13. Jahrhunderts, also zu Zeiten der Entwicklung zur Hanse, leuchtete von Travemünde aus eines der ersten Feuer der Ostsee. Der älteste Nachweis hierfür findet sich aber erst im Kämmereibuch der Stadt Lübeck aus dem Jahre 1316, das Ausgaben für einen Leuchtfeuerwärter aufführt. Wie dieses Feuer aussah, ist nicht bekannt. 1534 wurde es durch dänische Truppen zerstört. Holländische Maurer errichteten einen neuen Turm in Backsteinbauweise, der fünf Jahre später in Betrieb ging und anfangs vermutlich nur eine offene Plattform besaß.

Im Laufe der Jahrhunderte hat der Travemünder Leuchtturm die Entwicklung der Leuchtfeuertechnik zu großen Teilen mitgemacht. Als Lichtquellen dienten nacheinander offene Holz- oder Kohlenfeuer, Wachskerzen, Hanföl- und Dochtlampen, Petroleumglühlicht und schließlich seit 1904 elektrisches Licht, zunächst mittels einer Bo-

Das in den 1970er-Jahren errichtete Maritim-Hochhaus verdeckte den alten Leuchtturm von Travemünde und führte zu dessen Außerbetriebsetzung.

MARITIM

genlampe erzeugt, später dann durch Glühlampen. Ungewöhnlich ist aber, dass das Leuchtfeuer nie eine Linsenoptik besaß. Stattdessen diente zuletzt ein Zylinderparabolspiegel der Lichtbündelung in vertikaler Richtung. Auch äußerlich hat sich der Turm ein wenig verändert. Irgendwann wurde ihm eine kuppelförmige Laterne aufgesetzt. Nach einem Blitzschlag brannte sie am 9. März 1827 aus. Nun versah man das Bauwerk mit einem klassizistischen Turmkopf, aus dem das Leitfeuer auf die Lübecker Bucht hinausstrahlte. Auch heute noch ist Travemünde der älteste als solcher gebaute Leuchtturm in Deutschland. Der Wehrturm auf der Insel Neuwerk ist zwar deutlich älter, dient aber „erst" seit 1814 als Leuchtturm.
Zu Beginn der 1970er-Jahre wuchs nahe dem Leuchtturm ein neues, riesiges Bauwerk empor, das Hochhaus des Maritim-Hotels. Als es im April 1972 das Leuchtfeuer verdeckte, ging der älteste deutsche Leuchtturm nach 433 Jahren außer Betrieb. Der seit 1922 unter Denkmalschutz stehende Turm blieb erhalten und ist erst vor wenigen Jahren umfassend saniert worden. In ihm befindet sich ein kleines Museum.
Für das ersatzweise zu installierende Leuchtfeuer fand man eine ungewöhnliche Lösung: Es leuchtet seit 1974 aus einer Ecke im obersten Stockwerk des Hochhauses und dient der Schifffahrt als Orientierungsfeuer. Seine Blitzkennung wird durch ein Spiegeldrehfeuer mit vier Scheinwerfern, davon zwei in Reserve, erzeugt. Mit 114 Metern hat Travemünde nicht nur die größte Feuerhöhe aller deutschen Leuchtfeuer, das Hochhaus ist zweifellos auch einer der ungewöhnlichsten „Leuchttürme".

Es gibt noch einen weiteren ungewöhnlichen Leuchtturm in Travemünde: das Molenfeuer auf der Nordmole. Seit 1967 markiert der mit einer Verkleidung aus Glasbausteinen versehene kleine Turm die Einfahrt in die Trave sowie mit einem roten Warnsektor das flache Brodtener Ufer.

Seit dem 13. Jahrhundert bewirkte der wirtschaftliche Aufstieg der Hansestädte eine deutliche Zunahme der Handelsschifffahrt auf der Ostsee. Viele Städte begannen, sich über eine bessere nächtliche Sicherung ihrer Hafenzufahrten Gedanken zu machen. So dienten die ersten Feuer an deutschen Küsten der Ansteuerung der Hansestädte. Sie entstanden unter anderem in Travemünde (Ansteuerung Lübeck), auf dem Inselchen Lieps (Wismar), in Warnemünde (Rostock), auf Hiddensee (Stralsund) oder später in Weichselmünde (Danzig). Diese alten Feuer waren die ersten deutschen Nachtsichtzeichen. Man muss in ihnen wohl so etwas wie die Wiege der deutschen Küstenbefeuerung sehen.

Von der Ostsee aus ist die Ansteuerung Wismars nicht ganz einfach. Aus der Mecklenburger Bucht muss man zunächst westlich an Poel vorbeisegeln, um unter vielen Kurswechseln durch die Wismarbucht zu gelangen. Bevor man die Hansestadt erreicht, sind Untiefen und Inseln zu passieren, die Namen wie Hannibal oder Walfisch tragen. Mit dem Aufstieg der Hanse wuchs daher schon früh das Bedürfnis nach einem Leuchtfeuer in dieser Region.

Auf der im nordwestlichen Teil der Bucht gelegenen Insel Lieps, an die heute nur noch eine Untiefe gleichen Namens erinnert, soll bereits 1266 ein Leuchtfeuer existiert haben. Allerdings ist bisher weder bekannt, wann genau es erbaut wurde, noch bis wann es durchgängig in Betrieb war. Jedenfalls war es eines der ersten Leuchtfeuer der Ostsee und vermutlich das erste Feuer im Bereich des Gebietes, das man erst lange Zeit später Deutschland nennen sollte.

Viele Jahrhunderte danach war die Fahrt durch die Wismarbucht durch weitere Seezeichen gesichert. Als Tagesmarke und Lotsenausguck diente am gegenüberliegenden, östlichen Ufer der Zufahrt nahe dem Fischereihafen Timmendorf bis 1871 zunächst eine 16 Meter hohe, unbefeuerte Holzbake. Als ein Feuer das nahe stehende Lotsenhaus vernichtete, wurde die Bake 1872 durch ein weißes, einstöckiges Gebäude ersetzt, aus dessen Mitte ein 17 Meter hoher Leuchtturm ragte. Die Inbetriebnahme seines Petroleumfeuers erfolgte am 1. Oktober

POE-14

Leuchtturm Timmendorf

Vor seiner Erhöhung im Jahre 1931 besaß der Turm ein sechseckiges eisernes Laternenhaus.

1872. Das Licht, das aus dem weißen, sechseckigen, eisernen Laternenhaus strahlte, ermöglichte die sichere Ansteuerung des Wismarer Hafens. Die Gebäude links und rechts des Turmes beherbergten die Leuchtfeuerwärter und die Lotsenstation.
Fast 60 Jahre später übernahm vorübergehend ein weißes Festfeuer an einem Sturmsignalmast die Aufgaben des Leuchtturms. Grund dafür war eine Aufstockung des Turmes auf 21 Meter Höhe. In den folgenden Wintermonaten entfernte man die Laterne und den oberen Turmabschnitt, um sie zu erneuern.
Nach seinem Wiederaufbau war der Turm 3,5 Meter höher, und das Licht strahlte mit entsprechend größerer Reichweite. Die Umbaumaßnahmen endeten am 14. April 1931. Der Anstrich des Feuerträgers erfolgte über dem roten Lotsengebäude bis zur Höhe von 13,5 Metern oberhalb des mittleren Wasserstandes in Weiß, weiter oben bis 19,0 Meter blieb der Backstein sichtbar. Auf dem Turm erhob sich eine fünf Meter hohe, weiße, runde Eisenlaterne mit rotem Kupferdach. Das Festfeuer mit seinen weißen, grünen und roten Sektoren wurde nun elektrisch betrieben. Bei Stromunterbrechung erfolgte automatisch die Umschaltung auf ein Ersatzfeuer mit Flüssiggasbetrieb.
In den Jahren 1995 bis 2000 setzte man den Turm grundlegend instand. Zunächst war die Errichtung eines Ersatzfeuers erforderlich. Anschließend entfernte man die Laterne und trug die oberen Turmteile ab. Nach Erneuerung der Turmgründung und des Turmschaftes wurde die inzwischen restaurierte Laterne wieder auf das Gemäuer aufgesetzt. 1998 erhielt der Turm seine überarbeitete Optik mit einer neu installierten Drehblende zurück. Ihr Einsatz wurde notwendig, weil das Feuer künftig blinken sollte. Bisher hatte es nur als Festfeuer gebrannt. Diese Veränderung der Kennung sollte eine Verwechslung mit Lichtquellen in der Umgebung des Turmes verhindern. Eine 400-Watt-Metalldampflampe ermöglicht nun eine Tragweite bis zu 16 Seemeilen im weißen, 13 und 12 Seemeilen im roten und im grünen Sektor.

Nachts sind die unterschiedlichen Farben der Sektoren bis zu 16 Seemeilen weit zu erkennen.

Leuchtturm Gollwitz-Nord

Der 1953 errichtete Leuchtturm Gollwitz-Nord steht nicht weit entfernt vom Nordufer Poels. In der Nähe findet man unmittelbar am Wasser den Stahlgittermast des Feuers Gollwitz-West. Beide dienen wie der Turm von Timmendorf der Ansteuerung von Wismar.

Buk auf dem Bastorfer Berg

Von der Leuchtturmgalerie schweift der Blick über die gesamte Mecklenburger Bucht.

In Mecklenburg-Vorpommern sind heute alle Seefeuer für Besucher zugänglich. Buk, Warnemünde, Darßer Ort, Dornbusch, Arkona und Greifswalder Oie sind regelmäßig für Touristen geöffnet und bieten herrliche Ausblicke auf die Ostseeküste. Dabei ist Buk mit 78 Metern über NN der höchstgelegene Leuchtturm der deutschen Küste. Sein Feuer kann nachts regelmäßig quer über die Mecklenburger Bucht noch auf Fehmarn wahrgenommen werden.

Im Jahre 2008 feierte der mit 78 Metern topografisch höchstgelegene Leuchtturm Deutschlands seinen 130. Geburtstag.

Schon 1824 wurden Forderungen nach sicheren Schifffahrtswegen an der Mecklenburger Küste laut. Nach Zündung des Feuers Darßer Ort war es besonders die Strecke zwischen dem Darß und Trave-

Buk auf dem Bastorfer Berg

Schon früh wurden im nahen Bad Doberan Ansichtskarten des Leuchtturms verkauft (oben). Quecksilberdampflampen dienen heute als Lampe und Ersatzlampe in einer automatischen Wechseleinrichtung (unten).

münde, eine Distanz von annähernd 70 Seemeilen, die eine ausreichende Befeuerung vermissen ließ. Nach wiederholter Aufforderung durch die nautischen Vereine zu Wustrow und Lübeck, diesen Missstand zu beheben, prüfte und genehmigte die Reichsregierung 1876 den Bau eines Leuchtturms auf der Bukspitze bei Bastorf. Über die Funktion als Seefeuer hinaus sollte die Untiefe „Hannibal" nördlich von Poel durch einen roten Sektor des Feuers gesichert werden.

Noch im selben Jahr begann das Bauvorhaben unter der Leitung des Baumeisters Hansen aus Kröpelin. In eineinhalb Jahren entstand mithilfe von Arbeitern aus dem nahe gelegenen Kühlungsborn auf dem Bastorfer Signalberg ein massiver, roter, 21 Meter hoher Backsteinturm, der auf Findlingen gegründet war und ein dunkles Kuppeldach trug. Daneben stand ein einstöckiges Dienstgebäude mit zwei Wohnungen für die Leuchtfeuerwärter. Es war mit Schiefer gedeckt und lag an der Südseite des Turms, mit dem es durch einen verdeckten Gang verbunden war. Am 1. Dezember 1878 ging das Feuer in Betrieb.

1899 teilte das Großherzoglich-Mecklenburgische Ministerium des Innern zu Schwerin mit, dass man die Aufgaben der Leuchtfeuerwärter durch eine Tagsignal- und Fernsprechstation erweiterte. Die Umstellung der Lichtquelle von Petroleumlicht auf elektrischen Betrieb fand am 2. Januar 1925 ihren Abschluss. Eine zusätzlich eingebaute Reserve-Gasbeleuchtung schaltete sich bei Stromausfall automatisch ein.

Maschinengewehrfeuer eines angreifenden Fliegers beschädigte gegen Ende des Zweiten Weltkriegs vier der 20 Linsenfelder der Optik so stark, dass sie nicht mehr instandgesetzt werden konnten. Damit musste auf jeweils 16 Blitze des Feuers eine längere Pause folgen. Nach entsprechendem Umbau

Deutschlands höchstgelegener Leuchtturm

des Linsenapparates 1947 blinkt das Leuchtfeuer Buk bis heute viermal und hat dann eine längere Unterbrechung.
Ende der 1970er-Jahre wurde das Leuchtfeuer automatisiert. Paul Knabe, der letzte Leuchtfeuerwärter, verließ den Leuchtturm 1979. Die Überwachung des automatisierten Leuchtfeuers übernahm von nun an die Fernwirkzentrale des „Seehydrographischen Dienstes der DDR" in Warnemünde. Die Lichtquelle ist an das öffentliche Stromnetz angeschlossen, als Notstromversorgung dient ein Dieselaggregat. Das umgebaute Wohnhaus nutzte die Nationale Volksarmee vorerst als Kinderferienlager. Noch bis zu Beginn der 1970er-Jahre war Buk ein sehr beliebtes Ausflugsziel. Danach wurde der Turm militärisch mitgenutzt und war mehrere Jahre nicht für die Öffentlichkeit zugänglich.
Nach der politischen Wende übernahm das Wasser- und Schifffahrtsamt Lübeck das Grundstück mit Leuchtturm. Eine Überprüfung der Bausubstanz ergab dringenden Sanierungsbedarf. Da Turm und Nebengebäude denkmalgeschützt sind, war höchste Priorität, die Bausubstanz weitgehend zu erhalten. Aus Kostengründen wurden die notwendigen Maßnahmen in mehreren Zeitabschnitten durchgeführt. Es erfolgte 1991 der Bau einer Zufahrtsstraße, 1992 bis 1994 die Sanierung des Turmes, ab 1996 die Grundinstandsetzung des Wohnhauses und 1998/99 die Modernisierung und Anpassung der Leuchtfeuertechnik an neueste technische Standards. Dabei wurden der 1934 angebrachte rotweiße Anstrich des Turmes und das Vogelschutzgitter um die Laterne herum entfernt sowie einige Anbauten und die Verbindung zwischen Wohnhaus und Turm abgerissen.
1999 war die aufwendige Sanierung abgeschlossen. In dem ehemaligen Wärterhaus sind die Schaltanlage sowie das Notstromaggregat für das Leuchtfeuer, Räume für eine Richtfunkstelle der Marine und vier Wohnungen untergebracht. Seit 2003 kann der Turm wieder von Touristen bestiegen werden.

Der Leuchtturm Buk besteht aus einem dreischaligen Backsteinmauerwerk.

Das Seefeuer Warnemünde sendet alle 24 Sekunden vier Lichtblitze in die Dunkelheit.

Nahe der am Fluss Warnow gelegenen Hansestadt Rostock kreuzen sich die historischen Handelsrouten von Süden nach Skandinavien und von West nach Ost entlang der Ostseeküste. Dadurch gab es schon früh den Wunsch, Schiffen die nächtliche Einsteuerung in die Warnow zu erleichtern. Bereits im 13. Jahrhundert soll es hier ein erstes Leuchtfeuer gegeben haben, jedoch ist erst im 14. Jahrhundert eine Navigationshilfe sicher nachgewiesen. Sie wurde damals gegen feindliche Angriffe mit Schutzwällen gesichert. Bis auf eine alte Ansicht von 1582, auf der das Feuer dargestellt ist, gibt es wenig bildliche Hinweise in den Archiven über dieses Einfahrtsfeuer.

Auf jeden Fall ist sicher, dass zwischen 1836 und 1898 eine Ziehlaterne nachts die Einfahrt markierte, die jeden Abend an einem Mast hochgezogen wurde. Wie schwach ihr Licht war, macht eine Vorschrift für Schiffe deutlich, die vor dem Strand auf Reede lagen. Ihnen war bei Strafe untersagt, ein Ankerlicht zu setzen, damit man es nicht mit dem Leuchtfeuer verwechselte.

So bestand spätestens Mitte des 19. Jahrhunderts dringender Bedarf nach einem starken Seefeuer bei Warnemünde, aber erst die Einrichtung einer Eisenbahnfährverbindung nach Gedser in Dänemark führte endlich zum Bau eines Leuchtturms. Seine Errichtung auf einem Pfahlrost von 33 gerammten Pfählen begann 1897 und fand am 19. Oktober 1898 mit der offiziellen Abnahme des Seefeuers ihren Abschluss.

Der 31 Meter hohe, weiße Steinturm mit der Verzierung aus grün glasierten Steinen und den zwei Galerien sollte sowohl der Navigation draußen auf See dienen als auch lokal der Einfahrt in die Warnowmündung. Neben der Gürtellinse, die das Licht gleichmäßig in Richtung der Ostsee verteilte, erhielt er daher umlaufende Zylinderlinsen, die – aus der Ferne betrachtet – Blitze erscheinen lassen. Die Rathenower Firma Gebr. Picht & Co., die mit der Herstellung der optischen Anlage beauftragt war, hatte mit diesem Projekt jedoch wenig Glück. Weil kurzfristige Änderungswünsche in den Vertrag

kamen, man die Zeitplanung nicht einhielt und technische Zeichnungen falsch interpretiert wurden, musste unter hohem Zeitdruck eine neue, zweite Optik gebaut werden. Dabei wählte die Glashütte eine zu kurze Kühlzeit für das Glas. Auch der Transport war zu ruppig. Beides kostete Glasringe der Ersatzoptik, die nun ein drittes Mal gefertigt werden mussten.
Nach dem Wechsel von einer Petroleumdochtlampe auf Petroleumglühlicht 1911 tauschten die Rostocker 1919 dieses gegen eine elektrische Glühlampe, die dem Feuer eine deutliche Steigerung seiner Reichweite gab. Die Automatisierung des Leuchtfeuers erfolgte 1978.
Von jeher war der von einer Laterne mit kupferner Kuppel gekrönte Leuchtturm ein beliebter Aussichtspunkt. Nur in der Zeit von 1980 bis 1994 schloss man ihn wegen baulicher Mängel. Seitdem können Touristen ihn aber wieder erklimmen und auch auf dem Turm heiraten. Der Förderverein, der die Turmbesteigungen organisiert, stellt einen großen Teil der dabei eingenommenen Gelder sozialen und kulturellen Projekten der Region zur Verfügung.

Neben dem Seefeuer besitzt Warnemünde zwei besonders auffällige Molenfeuer an der Hafeneinfahrt. Da sich das grüne und das rote Bauwerk stark ähneln, werden sie im Volksmund oft die Zwillinge genannt.
Von 1960 bis 1997 hatte die Zufahrt ein weiteres Seezeichen auf einer mittleren Mole, einen kleinen gelben Leuchtturm. Als die Mole abgebaut wurde, brachte man ihn nach einer Zwischenlagerung in Rostock 2008 ins brandenburgische Rathenow. Dort dient er nun touristischen Zwecken und erinnert an die lange Tradition, die Rathenow mit Leuchtfeuern und Optik verbindet. Auch die Molen selbst erfuhren häufig bauliche Veränderungen. Wenn die Einfahrt verbreitert oder die Molen verlängert wurden, versetzte man auch stets die Leuchtfeuer.
Bei der Ansteuerung der Warnow ist das Lichterspiel der Leuchtfeuer besonders beeindruckend. Vier Leuchttürme und zahlreiche Leuchtbaken sind mittels eines von Satelliten empfangenen Zeitsignals synchronisiert. Man sieht zunächst die beiden Richtfeuer von Petersdorf aufleuchten, eine Sekunde später kommen die Einfahrtsfeuer der Zwillinge hinzu, und nach einer weiteren Sekunde leuchten auch die zahlreichen Schwimmbaken in der Warnow-Zufahrt. Dann verlöschen alle diese Feuer gleichzeitig, und das Spiel beginnt von Neuem.

Reger Fährverkehr passiert zwischen den „Zwillingen“ die Einfahrt zu den Rostocker Häfen.

Das rote Molenfeuer wurde 1998 genau nach den Plänen seines grünen Bruders gebaut.

In Warnemünde sind die beiden Feuer von Petersdorf, hier das Unterfeuer, mit zahlreichen anderen Seezeichen synchron geschaltet.

Darsser Ort | Der Leuchtturm im Nationalpark

An der Grenze zwischen Mecklenburg und Vorpommern sind die drei Inseln Fischland, Darß und Zingst durch Sandablagerungen zu einer Halbinsel zusammengewachsen. An ihrer Nordwestspitze steht der älteste noch in Betrieb befindliche Leuchtturm der deutschen Ostseeküste, da hier häufig Schiffe verunglückten.
Aus dem Jahre 1792 ist für diese Position zunächst die Idee für eine Markierungstonne überliefert. Aber schon damals schrieb der Landjäger vom Darß an die schwedisch-pommersche Regierung, dass man nur „mit einem so kostbaren Mittel wie einem Feuerthurm oder einer Bake“ der meist nächtlichen Schiffbrüche Herr werden könne. Es dauerte aber noch über ein halbes Jahrhundert, bis hier ein Leuchtturm entstand.
Im Jahre 1815 waren die letzten vorpommerschen Gebiete Schwedens und das Fürstentum Rügen preußisch geworden. Dadurch wuchs das Interesse des Königreichs Preußen, die Schifffahrt an der Ostseeküste zu sichern.
Der Königlich Preußische Landmesser Quistorp schlug vor, zur Befeuerung von Preußens Nordküste neue Leuchttürme auf dem Darßer Ort, Kap Arkona und der Insel Greifswalder Oie zu errichten. Das wären die idealen Positionen. Allerdings waren allein für Darßer Ort 31 500 Taler als Baukosten veranschlagt. So wurde zunächst der Bau von Arkona begonnen. Das Seefeuer auf dem Darß folgte 20 Jahre, das auf der Greifswalder Oie 30 Jahre später. In die Kugel an der Turmspitze des

134 Stufen führen zur Aussichtsplattform hinauf (unten).

Aus dem unteren Erker leuchtete bis 1914 ein Warnfeuer zum Steinriff Trindelen bei Gedser (unten rechts).

Leuchtturms Darßer Ort legte man ein in Bleiblech eingewickeltes Dokument, dessen Aufschrift folgendermaßen beginnt: „Am Jahrestage der Schlacht bei Leipzig, am 24. Oct. (1848), schloss durch Aufschrauben dieser Spitze L. A.Veit-Meyer, Ingenieur, die Laterne des von ihm erbauten Fresnel'schen Leucht-Apparates, welcher den ... Leuchtthurm auf Darsserorth krönt." Man fand den Text bei Restaurierungsarbeiten 1990 und war vor allem über seinen politischen Inhalt überrascht, denn es heißt weiter: „1848 … war aber das Jahr, in dem Deutschland nach langer Nacht zum Tage der Freiheit und Einigkeit erwachte, und nach Frankfurth am Main das deutsche Volk aus eigener Machtvollkommenheit seine Vertreter zum Reichstag sandte …"

Einen Leuchtturm an einem so entlegenen Ort zu bauen und zu unterhalten ist nicht einfach. Neben dem Turm selbst und den zum eigentlichen Betrieb des Feuers gehörigen Anlagen mussten Wohngebäude für drei Wärterfamilien und eine Scheune zur Lagerung von Stroh und anderem errichtet werden. Immer wieder sind im Laufe der Jahrzehnte Umbauten und Neuerungen an den technischen Einrichtungen des Leuchtturms vorgenommen worden. Neben der Umstellung von Rüböl auf Petroleum und Mitte der 1930er-Jahre auf elektrisches Licht wurde auch die Folge der Lichtblitze mehrfach geändert. Die große Optik drehte sich zunächst nur einmal in acht Minuten, heute benötigt sie 22 Sekunden für eine Umdrehung.
Bereits Ende des 19. Jahrhunderts

war die Betreuung von Besuchern eine der Dienstpflichten von Leuchtfeuerwärtern. Erst militärische Belange führten 1961 zur Schließung der Aussichtsplattform. Kurz vor der politischen Wende begann eine gründliche Instandsetzung des Turmes von außen und innen, ab März 1995 war er wieder für Besucher zugänglich. Von der knapp 28 Meter hoch gelegenen Galerie kann man einen herrlichen Rundblick genießen, bei gutem Wetter bis Warnemünde, Hiddensee und Dänemark. Direkt am Turm sind ein Meerwasseraquarium und eine interessante Ausstellung eingerichtet: das Natureum als Außenstelle des Deutschen Meeresmuseums Stralsund.
Mit Abschluss der Restaurierungsarbeiten im November 1990 legte man eine Kopie des alten Dokuments und einen Hinweis auf die durchgeführten Arbeiten in die Turmspitze und verschraubte sie sorgfältig. Dem am Ende des Ursprungstextes genannten Ziel war weiterhin zuzustimmen: Der „Thurm aber stehe, dem irrenden Schiffer ein leuchtender führender Freund, kommenden Geschlechtern ein Zeichen dieser Zeit und ihrer cosmopolitischen Bestrebungen". Doch fügte der Chronist des Turmes ihm, den politischen Faden fortspinnend, hinzu: „Möge der Leuchtturm auf Darßer Ort im wieder vereinten Deutschland und im Verein der näher zusammenrückenden Länder Europas noch lange ein sicherer Helfer der Seefahrer … sowie kommenden Generationen gleichermaßen ein Zeichen der Humanität sein."

Seiner Bauzeit entsprechend erhielt der Turm einen kunstvollen Fries.

Im 19. Jahrhundert wurden an vielen Stellen der deutschen Ostseeküste Seefeuer errichtet, um die Schifffahrt zwischen Holstein und Pommern durchgängig zu sichern. Nachdem bereits die Leuchttürme von Darßer Ort (1848) und Arkona auf Rügen (1828) in Betrieb gegangen waren, bestand zwischen ihnen immer noch eine Lücke von 31 Seemeilen in der Befeuerung der mecklenburgischen und vorpommerschen Küste.
Um auch unter schwierigen Bedingungen sicher navigieren zu können, fiel die Entscheidung, auf der Insel Hiddensee nordwestlich von Rügen einen weiteren Leuchtturm zu errichten. Da er besonders weit auf das Meer hinausleuchten sollte, bot es sich an, ihn auf dem 74 Meter hohen Hügel Schluckswiek im nördlichen Teil der Insel anzulegen, den man um zwei Meter abtrug, um ein Plateau für den Bau zu gewinnen. So erhielt der Turm trotz einer mäßigen Höhe von 28 Metern eine Flamme, die 95 Meter über dem mittleren Wasserstand der Ostsee brennt.
Man ließ für das innere Mauerwerk Ziegel aus Stralsund heranschaffen und mauerte auf einen zwölfeckigen Sockel einen runden Turmschaft aus hellem Stein. Außen verzierten ihn 13 Zwischenringe aus dunklen Ziegeln. Leider hielt das Mauerwerk auf Dauer den Witterungseinflüssen nicht stand. Man umgab daher 1926 den Turm mit einem Stahlbetonmantel, der den Grundriss des Sockels nach oben fortsetzte. Seither ist der Leuchtturm nicht mehr rund, sondern zwölfeckig. Dabei wurde wie

schon 1887 das Baumaterial mit einer pferdebetriebenen Feldbahn vom Hafen im Ort Kloster bis zum Leuchtturm transportiert.
Das Feuer brannte zunächst in Petroleumlampen. Bei ihnen waren fünf zylinderförmige Dochte (Hohldochte) ineinandergefügt, die gemeinsam ein besonders helles Licht abgaben. 1927 erfolgte die Umstellung auf Glühlampen, zunächst mit einer 1000-Watt-Lampe. Heute strahlt im Turm eine energiesparende Metalldampflampe. Neben seiner Funktion als weit tragendes Seefeuer warnt der Leuchtturm Dornbusch mit einem roten Sektor vor den Untiefen des Landgrundes westlich von Hiddensee. Die große, über 2,2 Meter hohe Optik, die das Licht verstärkt, drehte sich auf bronzenen Rollen, ursprünglich angetrieben durch ein Gewicht von einer halben Tonne. Ähnlich einem Uhrengewicht musste es der Leuchtfeuerwärter täglich mit einer Kurbel wieder aufziehen. Erst 1972 installierte man auf Dornbusch einen Elektromotor.
Der Seehydrographische Dienst der DDR, der die Leuchttürme der Ostseeküste betreute, ließ das Leuchtfeuer Dornbusch schon Mitte der 1970er-Jahre automatisieren. Dennoch blieb die Stelle des Leuchtfeuerwärters an dieser Station wegen ihres entlegenen Standorts bis 1998 erhalten. Erst in diesem Jahr wurde der letzte deutsche Leuchtfeuerwärter, Walter Hoerenz, pensioniert. Seine Frau, die den gleichen Beruf innehatte, war schon 1990 aus dem Amt geschieden. Nachdem sie 1961 als Schlosser und Elektriker auf die Insel Hiddensee gekommen waren, lautete ihre offizielle Berufsbe-

Der Linsenapparat besteht aus 20 korbartig angeordneten Scheinwerferlinsen (unten links).

Ein roter Sektor kennzeichnet als Warnfeuer die Nordspitze der Insel Hiddensee (unten rechts).

Bis 1927 war der Leuchtturm Dornbusch ein reiner Ziegelturm.

zeichnung zunächst „Leuchtfeuermaschinisten“, später wurden sie „Seezeichenmechaniker“ genannt. Zwischen August und Dezember 1993 erfolgte eine Grundinstandsetzung des Turmes, nachdem eine Untersuchung ergeben hatte, dass das Gebäude grundsätzlich in baulich gutem Zustand war. Seit Abschluss der umfangreichen Restaurierungsmaßnahmen von Mauerwerk, Laterne, Türen und Fenstern im September 1996 kann der unter Denkmalschutz stehende Leuchtturm auch von Besuchern bestiegen werden. Von der Plattform bietet sich ein fantastischer Ausblick über die Küste bis nach Rügen.

Früher hatten große Petroleumlampen oft fünf oder mehr Dochte, die ineinandermontiert waren.

Die Entwicklung Stralsunds zu einer bedeutenden Handelsmetropole führte hier wie auch an anderen Stellen des Ostseeraums vom 13. Jahrhundert an zu einer Steigerung des Schiffsverkehrs. Um die Ansteuerung der Hansestadt Stralsund zu erleichtern, schlossen deren Stadtväter am 3. Juli 1306 einen Vertrag mit den Mönchen eines Klosters auf der Insel Hiddensee. Stralsund dürfe am Südende Hiddensees eine Leuchte „errichten, die jedes Jahr brennen und angezündet werden muss vom Tag der Geburt der Jungfrau Maria bis zum Feste der Jungfrau Walpurges" (8. September bis 1. Mai). Das Leuchtfeuer wurde direkt an die Kapelle des Klosters angebaut. Wie lange es tatsächlich leuchtete, ist nicht überliefert. Dieser Ort jedenfalls, an dem schon vor Jahrhunderten ein Feuer zur Orientierung brannte, liegt schon lange nicht mehr am südlichen Zipfel der Insel. Das Meer hat im Laufe der Zeit beständig Sand angespült, sodass die Insel immer weiter nach Süden wuchs. Heute steht der eiserne Leuchtturm Gellen daher etwa eine viertel Insellänge von der Südspitze entfernt.
Wie die Optik des Turmes von Buk erlitt auch die von Gellen durch Beschuss gegen Ende des Zweiten Weltkriegs erhebliche Beschädigungen. Erst 1947 konnte der Betrieb probeweise wieder aufgenommen werden, 1949 stand endlich eine neue Gürteloptik zur Verfügung, die bis heute Verwendung findet.

Das Quermarkenfeuer Gellen hat rote und grüne Sektoren zur Sicherung der nordwestlichen Zufahrt nach Stralsund.

Auf der Halbinsel Wittow auf Rügen ist in den vergangenen Jahren eine Touristenattraktion ganz besonderer Art entstanden. Kristallisationspunkt waren zunächst die beiden alten Leuchttürme am Kap Arkona. Hier entstand ein kleines Leuchtturm-Museum, und in der Folge wurden ein Peilturm der Marine, einige Bunkeranlagen und weitere Gebäude dem Tourismus erschlossen. Sogar einen kleinen Leuchtturm, der an seinem alten Standort an den Kreidefelsen ausgedient hatte, versetzte man hierher. Diese und weitere Komponenten bilden heute das Flächendenkmal Kap Arkona, das jährlich von über einer dreiviertel Million Gästen besucht wird.

Der alte Backsteinturm auf dem Kap Arkona, der Schinkelturm, ist nach dem Leuchtturm von Travemünde das zweitälteste Bauwerk dieser Art an der deutschen Ostseeküste. Er nahm am 1. Januar 1828 seinen Betrieb auf.
Den Beinamen „Schinkelturm" erhielt das Bauwerk, weil unter anderem der berühmte preußische Architekt Karl Friedrich Schinkel mit seinem Entwurf befasst gewesen war: Eine der Bauzeichnungen trägt seine Unterschrift. Als Fundament erhielt der Leuchtturm einen Sockel aus Granit, auf den man das Gebäude aus gebrannten Ziegeln aufmauerte.
Die große Laterne mit dem spitzen Kupferdach stellte ein Goldschmiedemeister aus Berlin her. Innen montierte er vor Ort 17 große, versilberte Kupferspiegel von je 65 Zentimetern Durchmesser an einem Gestell. Anschließend passte er in sie die Lampen ein. Leider ist diese Installation, die man 1918 dem Reichsverkehrsmuseum in Berlin übergab, um 1943 dort spurlos verschwunden.
Schließlich wurde der Abschluss der Arbeiten 1827 vom Berliner „Intelligenzblatt" angekündigt: „Bey Arcona, auf ... Wittow, auch Wittmunt genannt, ist ein Seelicht errichtet, welches vom 1sten Januar kommenden Jahres ... brennen wird." Natürlich gab es auch gleich einen Königlichen Leuchtfeuerwärter. Diesen Posten als „Lampenwärter" erhielt der Schiffszimmerer Carl Eduard Schilling, der mit Frau und acht Kindern zunächst in Keller und

Im neuen Leuchtturm ist der Aufenthaltsraum der Leuchtfeuerwärter gemütlich getäfelt.

175 massive Granitstufen führen auf den neuen Leuchtturm hinauf (oben).

Schmiedeeiserne Gitter zieren den alten Leuchtturm (oben rechts).

Erdgeschoss des kleinen Turmes wohnte. Parallel betrieb er an diesem Aussichtspunkt eine Gastwirtschaft, die oberen Stockwerke durfte er vermieten. In einem Reiseführer von 1920 wird viele Jahre später stehen: „Schillings Gasthof in Arkona, einfach aber gut, 3 RM/Nacht."
Heute ist im alten Leuchtturm ein maritimes Museum untergebracht, und gelegentlich gibt es dort Sonderausstellungen. Seit vielen Jahren kann man hier heiraten, der Turm dient als Außenstelle des Standesamtes von Nord-Rügen. Die Eheschließung wird dabei nicht nur schriftlich festgehalten, sondern das Paar kann sich auch in einem Gedenkstein im Boden vor dem Turm verewigen lassen. Die Trauungen werden in den Räumen abgehalten, in denen früher die zehnköpfige Familie des Leuchtturmwärters wohnte. Viele Paare, die sich auf Kap Arkona das Jawort gegeben haben, kommen zu regelmäßigen Treffen an diesen Ort zurück.
Auch für die Seenotrettung in diesem Gebiet spielte Arkona eine besondere Rolle. Hier entstand die erste Seenotrettungsstation an der heutigen deutschen Ostseeküste. Leuchtfeuerwärter Schilling leistete Vorbildliches. Er setzte zur Rettung von Seeleuten oftmals sein Leben aufs Spiel und erhielt von Deutschland und Dänemark dafür mehrfach Auszeichnungen.

Bei guter Sicht kann man von der Galerie des neuen Leuchtturms bis zur dänischen Insel Møn blicken.

Leider kam Schillings Sohn bei einer solchen Rettungsfahrt ums Leben. Unter dem Datum des 14. April 1847 trägt der Steuermann Wasmann aus Wiek in das Gästebuch von Kap Arkona ein: „O, wie schwer ist es, ein Seemann zu sein. Doch unter guten Menschen wird dem Seemann der sauerste Essig zu süßestem Wein. Nie werde ich den Tag vergessen in diesem Leben, da der alte brave Schilling für uns vier Seeleute opferte sein Leben."

Die vollkommen verglaste kreisrunde Laterne steht auf einer mit Granitplatten abgedeckten Plattform mit schmiedeeisernen Gittern.

Die Öllampen mit den einfachen Metallspiegeln entsprachen schon nach einigen Jahrzehnten nicht mehr den Anforderungen, die man damals an ein Seefeuer stellte.
Nach verschiedenen Versuchen, das Feuer heller erscheinen zu lassen, entschied man, einen neuen Turm zu bauen, der auf seinem achteckigen Granitfundament gleichzeitig um einiges höher, vor allem jedoch erheblich lichtstärker werden sollte. Zwar ist der Turm nur 35 Meter hoch, da er aber auf den Klippen steht, leuchtet die Laterne 75 Meter über dem Meer. Glücklicherweise entschied man sich, den Vorgängerturm nicht abzureißen, sondern ihn unter Denkmalschutz zu stellen.
Ferner erhielt der Nachfolger noch eine weitere Neuerung. Er durfte kein festes Feuer mehr zeigen. Dieses war seit der Einführung eines einheitlichen Systems Zufahrten und Ansteuerungen vorbehalten. Der neue Turm auf Arkona sollte vielmehr ein blinkendes oder blitzendes Feuer bekommen. Dafür wurden bei der Firma Wilhelm Weule in Goslar sechs Scheinwerferlinsen angefertigt. Die Lichtanlage kam von der Firma Helios aus Köln. Man montierte die ganze Leuchteinrichtung auf einen Drehtisch, der in Quecksilber schwimmend lagerte. Dadurch ließ er sich besonders leicht bewegen. Die drei Strahlen, die von ihm auf das Meer hinausgingen, wurden von den Schiffen als drei aufeinanderfolgende Blitze wahrgenommen – eine Kennung, die das Seefeuer Arkona noch heute hat. Moderne Axial-Rillenlager ersetzten erst 1994 das Quecksilberlager. Heute arbeitet der Turm nur noch mit drei Scheinwerfern. Die drei anderen Linsen sind als Ausstellungsstücke zu bewundern.
Ende 1902 nahm man den Probebetrieb des neuen, gelb verklinkerten Turmes auf. Das Preußische Ministerium für öffentliche Arbeiten verkündete im September 1902, „... dass Anfangs Oktober mit dem elektrischen Schnellblinkfeuer im neuerbauten Leuchtthurme auf dem Kap Arkona Versuche angestellt werden, die hauptsächlich am Tage, zeitweise auch in der Dunkelheit, vorgenommen werden“. Der Dauerbetrieb begann am 1. April 1905 gemeinsam mit den ebenfalls auf die Kreidefelsen gesetzten Orientierungsfeuern von Ranzow und Kollicker Ort.
Die Automatisierung des Leuchtfeuers Arkona erfolgte im April 1977. Von dieser Zeit an wurde der Turm aus Karlshagen (Insel Usedom) ferngesteuert, wo auch der letzte Leuchtfeuerwärter Arkonas, Herr Weber, seinen neuen Arbeitsplatz fand.
Ab 1980 hatte der Leuchtturm elf Jahre lang einen auffälligen Anstrich von zahlreichen schwarzen und roten Streifen, der ihm bei der Bevölkerung den Spitznamen „Ringelsocke“ eintrug. Leider zeigte sich, dass die verwendeten Farben nicht atmungsaktiv waren, sodass man sie bei einer Grundsanierung 1991 wieder entfernte.

Leuchtturm Ranzow | Nach Arkona versetzt

Der kleine Leuchtturm von Ranzow stand fast 100 Jahre lang oben auf den Kreidefelsen der Halbinsel Jasmund im Nordosten von Rügen. Er hatte vom 1. April 1905 an gemeinsam mit dem neuen Leuchtturm von Arkona und dem Feuer am Kollicker Ort der Ostseeschifffahrt gedient. Das war vor allem für die Fähren wichtig, die zwischen Sassnitz und Trelleborg in Schweden verkehren.

Die Wetterfahne über der Abzugshaube gibt das Baujahr des Leuchtturms an.

Hersteller des Turmes war die Firma Julius Pintsch in Berlin-Fürstenwalde, von der auch zahlreiche andere Leuchttürme stammen.
Zunächst leuchtete im Turm ein Gasglühlicht, das man 1936 gegen elektrisches Licht austauschte; 1978 wurde das Orientierungsfeuer automatisiert. Wie beim Feuer von Arkona nutzte man beim Turmbau die Höhe der Klippen. Dadurch erreichte man trotz des nur 6,5 Meter hohen Turmes eine Feuerhöhe über dem Wasser der Ostsee von 55 Metern.
Nachdem der Turm so lange der Schifffahrt gedient hatte, löschte man am 1. Oktober 1999 sein Feuer. Die kleine nächtliche Orientierungsmarke war überflüssig geworden. Damit niemand den einsam am Waldrand stehenden Eisenturm beschädigen konnte, wurde er im Sommer 2002 zunächst abgebaut und in Einzelteilen im Wasser- und Schifffahrtsamt Stralsund auf der Insel Dänholm zwischengelagert.
Nach der Grundsteinlegung für den neuen Standort am 19. Oktober 2003 fand der Turm dann zum Jahreswechsel 2003/04 seinen endgültigen Platz. Man stellte ihn am Flächendenkmal Arkona auf, nahe dem großen Seefeuer, mit dem er gemeinsam so lange Zeit der Schifffahrt den Weg gewiesen hatte.

Fähren und Sportschiffer orientieren sich nordöstlich von Rügen am Leuchtturm Kollicker Ort.

Von der Landseite her ist der kleine Turm am Kollicker Ort nur schwer zu erreichen. Er steht auf einer Klippe, etliche Meter über dem Wasser, aber immer noch weit unter dem Wanderweg, der oben auf den Kreidefelsen entlangführt. Umso besser kann man den Turm von der Wasserseite aus betrachten. Täglich fahren hier viele Touristen mit dem Schiff an der Küste entlang, an der Land und Meer so eindrucksvoll aufeinandertreffen. Der Eisenturm wurde am 1. April 1905 gemeinsam mit dem neuen Turm auf Arkona und dem Leuchtfeuer Ranzow in Betrieb genommen. Er dient der Markierung der Kreideküste, der Orientierung in der Prorer Wiek, als Ansteuerungsfeuer für die von Trelleborg kommenden Fähren und mit dem Molenfeuer von Sassnitz der Ansteuerung des Fährhafens.

Die Firma Julius Pintsch fertigte den Turm des Leuchtfeuers aus gusseisernen Segmenten, sogenannten Tübbings. Mit dem Kupferdach und den Blitzableitern ist er typisch für die von dieser Firma aus Berlin-Fürstenwalde erstellten Leuchttürme.

Die Optik des Leuchtfeuers bestand aus zwei übereinandermontierten, sich drehenden Parabolspiegeln mit je einer davor installierten Scheinwerferlinse, die das Blinken des Feuers erzeugten. Sie wurde 2000 einer gründlichen Überarbeitung unterzogen. Ziel dabei war, für den Turm Wartungsintervalle von wenigstens zwei Jahren zu erreichen. Dafür sollten die beweglichen und damit störanfälligen mechanischen Teile ersetzt werden. Auch mussten die ausgewählten Glühlampen eine Brenndauer von wenigstens 2000 Stunden haben. Weiterhin installierte man einen automatischen Lampenwechsler mit sechs Niedervoltlampen von je 250 Watt sowie eine Gürteloptik. Das Blinken wird seitdem durch eine elektronische Taktung erreicht.

In enger Zusammenarbeit des Wasser- und Schifffahrtsamtes Stralsund mit der bundeseigenen Fachstelle für Verkehrstechniken in Koblenz wurde die ganze leuchtfeuertechnische Einheit entwickelt und installiert. Seit dem 6. September 2000 ist die neue Anlage in Betrieb.

Die Laterne des grün-weißen Ostmolenturms ist bereits über 100 Jahre alt (rechte Seite).

Der modern wirkende Turm auf der Westmole ist gleichzeitig das Unterfeuer einer Richtfeuerlinie.

Ende des 19. Jahrhunderts wollte man den Fährverkehr zwischen Deutschland und Schweden ausbauen. Da wegen der geringen Entfernung zum nördlichen Nachbarn der Hafen von Sassnitz besonders günstig erschien, baute man den Fischereihafen umfangreich aus. Unter anderem entstand an der Ostseite eine lange Steinmole, an deren Südende man ein Leuchtfeuer setzte. Einer seiner Nachfolger ist der heutige Leuchtturm von Sassnitz, der offiziell „Sassnitz Ostmole" heißt und 1937 errichtet wurde. Nur die Laterne übernahm man von seinem 1904 erbauten Vorgänger.
Die ersten Eisenbahnfähren fuhren von hier im Juni 1909 über die Ostsee nach Schweden. Damals mussten Züge für diese Reise noch ein zweites Mal eine Fähre benutzen. Vor der Überquerung der Ostsee wurden sie bei Stralsund vom Festland auf die Insel Rügen übergesetzt. Erst ab 1936, mit der Fertigstellung des Rügendammes, konnten die Züge direkt bis zum Fährhafen Sassnitz fahren.
Der Ostmolenturm von Sassnitz ist einer der wenigen Leuchttürme, die in einem Wappen verewigt sind. Die Stadt Sassnitz erfuhr mit dem Ausbau des Fährverkehrs erheblichen Aufschwung. Daran soll der Turm im Stadtwappen erinnern.
Dem Feuer gegenüber steht auf der Westmole eine modernere Konstruktion aus dem Jahre 1977. Anders als bei vielen anderen Molenfeuern wird hier nicht der Turm oder die Mole angestrahlt. Stattdessen sind die Mattglasscheiben des Bauwerks von innen erleuchtet.

W
O

Peenemünde | Der Sandmännchen-Leuchtturm

Will man mit dem Schiff von Osten her die Hansestädte Stralsund oder Greifswald ansteuern, so muss man Flachwasserbereiche kreuzen, um von der offenen Ostsee in den Greifswalder Bodden zu gelangen. Das wichtigste Seezeichen, das gleich mit zwei Leitfeuern die nächtliche Fahrt ermöglicht, ist der Leuchtturm Peenemünde. Er wurde als 11 Meter hohe Stahlkonstruktion 1954 mitten im Wasser auf einem Betonsockel erbaut.
Da der Turm für Wartungsarbeiten nur per Schiff erreichbar ist, ist seine Unterhaltung relativ aufwendig. Deshalb hat man ihn heute weitgehend automatisiert. Ursprünglich war er mit einer Gasleuchte als Lichtquelle ausgerüstet. Der Umbau auf elektrisches Licht aus Batterien, die mittels zahlreicher Solarzellen mit Sonnenenergie aufgeladen werden, machte die Anlage jedoch weitgehend autark.
Die äußere Form des Leuchtturms von Peenemünde ist vielen von uns vertraut: Er diente als Vorlage für den Leuchtturm des Sandmännchens, das allabendlich im Fernsehen gezeigt wird. Außerdem ist er als eines von acht Motiven auf einer Briefmarke der DDR verewigt.

Vom Jahre 1291 an gehörte die Oie zu Greifswald. Damals erwarb die aufstrebende Hansestadt die kleine Insel von der Stadt Wolgast. Lange Zeit wurde dort nur Landwirtschaft betrieben, ein Leuchtfeuer kam erst im 19. Jahrhundert hinzu. Fast immer aber blieb die Insel durch ihre günstige Lage für das Militär der jeweiligen Machthaber ein interessanter Stützpunkt.
Heute ist die Greifswalder Oie vor allem ein bedeutendes Vogelparadies und steht vollständig unter Naturschutz, da sie für Zugvögel, die entlang der Ostseeküste fliegen, eine wichtige Zwischenstation darstellt. Von Usedom aus kann man mit einem Ausflugsschiff zu einer Tagestour aufbrechen und die Flora und Fauna der Insel genießen. Aber auch für die Seefahrt hat die Insel durch das große Seefeuer besondere Bedeutung. Seit einigen Jahren kann der Leuchtturm auch bestiegen werden. Allerdings ist die Zahl der Touristen begrenzt, die täglich per Schiff von Usedom zur Oie gelangen dürfen.
Schon zu Beginn des 19. Jahrhunderts war die Greifswalder Oie gemeinsam mit Arkona und Darßer Ort als Standort für neue Seefeuer vorgeschlagen worden. Daher baute man auf dieser nur gut einen halben Quadratkilometer großen Insel ab 1853 den dritten und letzten dieser Türme, unter anderem, um die Oderbank, eine Untiefe vor Swinemünde, zu kennzeichnen.
Eine besondere Ehrung erfuhr der neue Leuchtturm bei der Grundsteinlegung am 24. August 1853. Es erschien höchstpersönlich das Staatsoberhaupt, Seine Majestät

Vier Strahlenbündel sendet die Drehoptik des Leuchtturms Greifswalder Oie aus.

Unterhalb des Turmes war bis 1987 die Nebelschallanlage in Betrieb (oben).

In der Optik befinden sich zwei 2000 Watt starke Gasentladungslampen (rechts).

Die Rundbögen im Fries des Turmes dienen zahlreichen Schwalben als Nistgelegenheit.

Die Treppe windet sich um den Schacht, in dem früher die Gewichte zum Antrieb der Optik hingen.

Friedrich Wilhelm IV., König von Preußen. Nachdem die Reden gehalten waren, stimmten alle Anwesenden, so die Überlieferung, in ein donnerndes Hoch von Grund des Herzens jubelnd ein. Auch begann die Musik sofort mit „Heil Dir im Siegerkranz".

Das Feuer auf diesem Turm zündete man am 1. Oktober 1855, ausgesandt von zwölf Scheinwerfern. Es waren Parabolspiegel, in die man Petroleumlampen eingebaut hatte. Die Glaszylinder von sechs der Lampen waren rot, die anderen klar. Die ganze Apparatur war auf einem Drehtisch angeordnet. Dadurch sah man nachts 45 Sekunden lang rotes Licht, danach ebenso lange weißes. Dazwischen war jeweils eine Pause von 45 Sekunden. Im Jahre 1914 tauschte man die Metallspiegel gegen eine riesige Glasoptik aus. Sie ist bei der Firma Wilhelm Weule in Goslar entstanden und besteht aus vier großen, fast drei Meter hohen Scheinwerferlinsen, die die Lampe umschließen und vier Strahlen über das Meer senden. Damit ist dies der größte Apparat dieser Art, der jemals in Deutschland gebaut wurde. Er hat 1,80 Meter Durchmesser und dreht sich auf einem Lager von Stahlkugeln. Seine Blitze sind über 40 Kilometer weit zu sehen, fünfmal weiter als die Signale der alten Spiegeloptiken.

Das Petroleum wurde in einem separaten Keller einige Meter vom Gebäude des Leuchtturms entfernt gelagert.

Eine wichtige Neuerung erhielt der Turm 1938/39. Das Benzolglühlicht von 1921 wurde von einer 2000-Watt-Glühlampe abgelöst. Die Stromversorgung übernahmen Dieselgeneratoren, die auch die 1930 installierten Vogelschutzlampen versorgten. Diese Lampen sollen allerdings weniger die Vögel vor dem Flug gegen den Turm schützen als dessen Laternenfenster vor dem Anflug der Vögel.

Weil bei nebligem Wetter auch lichtstarke Leuchttürme nicht weit zu sehen sind, waren helle Leuchtfeuer oft mit Schallsignalanlagen verbunden. Auf der Greifswalder Oie waren das seit dem 19. Jahrhundert zunächst Kanonenschüsse. Beim Umbau des Turmes 1911 bis 1914 erhielt die Insel eine Druckluftsirene, die 1938 durch elektrische Schallquellen ersetzt wurde – hoch montiert auf einem Unterbau, denn die wachsende Vegetation der früher eher kahlen Insel drohte den Schall zu verschlucken.

Das Ende der meisten sogenannten Nebelhörner kam 1987. Auf internationale Empfehlung wurden sie abgeschaltet. Durch bessere, elektronische Navigationsmethoden war die relativ ungenaue Schallnavigation praktisch bedeutungslos geworden.

Der Leuchtturm auf der Greifswalder Oie war nicht das erste Feuer an diesem Ort. Schon im Jahre 1832 hatte hier ein Nachtsichtzeichen gestanden. Dafür hatte sich

Aus dem „Gesetz- oder Betbuch der Leuchtturmwärter“, 1892/93

§1 …Pflichten der Leuchtfeuerwärter
Der nächste Dienstvorgesetzte ist der Bauinspector, dessen Anordnungen sie unbedingt Folge zu leisten haben.
§2 Dem Wärterpersonal liegt vor allem die Pflicht ob, …dass das zur Sicherung des Schiffsverkehrs dienende Leuchtfeuer von Sonnenuntergang bis Sonnenaufgang hell und klar brennt….
§3 Die Wärter sollen nüchtern und fleissig, reinlich an ihrem Körper und in ihrer Kleidung, ordentlich in ihren Familien, friedfertig unter einander und höflich gegen Fremde sein…
§7 Der Stand des Barometers, des Thermometers, sowie die Richtung und Stärke des Windes sind Morgens 6 Uhr, Mittags 12 Uhr, Abends 6 Uhr und um Mitternacht zu beobachten und zu notieren.
§10 Besuch des Turmes durch Fremde
Der Besuch des Leuchtthurmes ist nur am Tage… gestattet. Der Zutritt in den Leuchtapparat selbst ist dem Publicum untersagt. Fremde… haben sich bei dem Oberwärter zu melden und Name, Stand und Wohnort in das Fremdenbuch einzutragen. Bei dem Besuch des Thurmes sind sie stets von einem Wärter zu begleiten, der dafür zu sorgen hat, dass sie vor Betreten des Thurmes ihre Kleidung, namentlich das Schuhwerk, von dem Staub und Schmutz befreien. Jede Berührung des Apparates ist strengstens untersagt.

Preußen, das die Schifffahrt an seiner Nordküste sichern wollte, von der Stadt Greifswald die Genehmigung geben lassen, ein solches Seezeichen zu errichten. Man befestigte an einem pyramidenförmigen Gerüst zwei Laternen, die jeweils mit einem Spiegel versehen waren. Schon bald reichte die Helligkeit dieser einfachen Leuchtbake jedoch für die Schifffahrt nicht mehr aus, und man entschloss sich zum Bau des Leuchtturms.

Als man noch Petroleumlampen verwendete, erzeugte man rote und grüne Feuer durch entsprechend gefärbte Glaszylinder, in denen die Flamme brannte.

Im Sommer passieren täglich zahlreiche Ausflugsdampfer den Leuchtturm Ueckermünde.

Deutschlands östlichster Leuchtturm steht nicht direkt an der Ostsee. Es ist das Orientierungsfeuer zur Einfahrt nach Ueckermünde vom Stettiner Haff aus. Hier, an der Westseite der heute kanalisierten Uecker, leuchtete schon 1844 das erste Feuer am Haff. Es war ein mit Brettern verschaltes Fachwerkgebäude von rund vier Metern Höhe, das nahe der Mole auf einem achteckigen Unterbau ruhte. Auf dem Gebäude befand sich die Laterne mit dem in gut fünf Metern Höhe angebrachten Feuer.
Im Laufe der folgenden Jahrzehnte wurde dieser Feuerträger erhöht und erneuert. Schon 1882 brannte das Feuer in 11 Meter Höhe. 1903 wurde das ursprünglich feste rote und weiße Feuer in ein unterbrochenes umgewandelt.
Der letzte große Umbau erfolgte Mitte Dezember des Jahres 2000. Ein ganz neuer weißer Turm mit roter Laterne ersetzte den alten, mit Latten benagelten Gitterturm. Die Feuerhöhe von 11 Metern über Mittelwasser behielt man bei.

Das Stadtwappen schmückt den neuen Leuchtturm von Ueckermünde.

Glossar

Blüse – Holzgerüst, auf dem ein offenes Leuchtfeuer in einer Metallpfanne brennt. Gelegentlich auch mit einem Steinsockel ausgeführt.

Festfeuer – Leuchtfeuer, das ein ununterbrochenes Licht zeigt.

Fresnel-Linse – Lichtbündelnde Optik, deren Glas aus ringförmigen, stufenartigen Bereichen besteht („Stufenlinse"). Bei der Gürtellinse lenken die die Lichtquelle waagerecht umgebenden Glasprismen das Licht in die Horizontebene. Beim anderen Typ, der Scheinwerferlinse, wird das Licht in eine bestimmte Richtung gebündelt.

Gürtellinse – siehe Fresnel-Linse

Kennung – alle Eigenschaften eines Feuers, die es nachts identifizierbar machen – seine Farbe, der Rhythmus seiner Lichterscheinung (Taktung) und die Wiederkehr (Periode).

Kohlenblüse – siehe Blüse

Leitfeuer – Leuchtfeuer, das in einer bestimmten Richtung (Leitsektor) einen befahrbaren Bereich markiert und in den angrenzenden Richtungen (Warnsektoren) zur Warnung andere Kennungen zeigt.

Nenntragweite – Entfernung, in der ein Feuer bei festgelegten atmosphärischen Bedingungen noch zu sehen ist, bevor es zu schwach erscheint.

Oberfeuer – siehe Richtfeuer

Otterblenden – senkrechte Lamellen, die durch Öffnen und Schließen den Lichtstrahl unterbrechen und dadurch eine Taktung erzeugen (siehe Kennung).

Quermarke, Quermarkenfeuer – Leuchtfeuer, das seitlich auf ein Fahrwasser scheint, um zum Beispiel auf einen Kurswechselpunkt aufmerksam zu machen.

Richtfeuer – eine Gruppe von meist zwei Leuchtfeuern, die in bestimmter relativer Position zueinander stehen. In der Regel muss vom Schiff aus ein näheres Unterfeuer genau vor einem weiter entfernten, höheren Oberfeuer erscheinen, wenn man in der Mitte des Fahrwassers ist.

Scheinwerferlinse – siehe Fresnel-Linse

Seemeile – eine Seemeile beträgt 1852 Meter

Sektorenfeuer – Leuchtfeuer, das in verschiedenen Richtungen (Sektoren) unterschiedliche Kennungen zeigt.

Taktung – siehe Kennung

Tragweite – die Entfernung, in der ein Feuer noch zu sehen ist, bevor es wetterbedingt zu schwach erscheint.

Unterfeuer – siehe Richtfeuer

Literatur

H. Auerbach und H. Hardenberg: Hiddensee und seine Leuchttürme, Hamburg 1999

H. Auerbach und H. J. Luttermann: Kap Arkona und seine Leuchttürme, Hamburg 1998

E. Delfs: Feuer an deutschen Küsten, Hamburg 1993

H. J. Luttermann: Greifswalder Oie, Hamburg und Rostock 2005

H. J. Luttermann: Leuchtturm Warnemünde, Hamburg 1996

H. J. Luttermann und R. Reinicke: Leuchtturm Darßer Ort, Hamburg 1998

R. Scheiblich: Sterne unter den Wolken, Hamburg 2003

R. Scheiblich: Leuchttürme, Hamburg 2006

R. Scheiblich, H.-H. Staack: Leuchttürme Lexikon, Hamburg 2002

H.Tekaat: Kathedralen am Meer, Hamburg 2007

B. Toussaint, F. Toussaint und M. Hünsch: Deutsche Leuchtfeuer, Hamburg 2005

G. Wiedemann, J. Braun, J. Haase: Das Deutsche Seezeichenwesen 1850–1990, Hamburg 1998

F.-K. Zemke: Deutsche Leuchttürme einst und jetzt, Hamburg 2000

Danksagung

Die Autoren danken Egbert Koch und Hans Joachim Luttermann für die kritische Durchsicht des Manuskripts sowie Michael Lautenschlager (S. 58/59) und Tom Tag (S. 77 und 99) für die Überlassung von Fotos.

Die Reproduktionen alter Postkarten entstammen der Sammlung Klaus Hülse, die historischen Fotos der Sammlung Horst Tekaat / Archiv Interessengemeinschaft Seezeichen, e.V. Die übrigen Fotos sind von den Autoren.

Register

Odense
Haderslev
Fyn
Sjælland
Næstved
Svendborg
Langeland
Dänemark
Sønderborg
Ærø
Lolland
Holnis
Kalkgrund
Falshöft
Flensburg
Schleimünde
Fehmarnbelt
Schleswig
Eckern-
förde
Kieler
Bucht
Kiel
Westermarkelsdorf
Fehmarn
Marienleuchte, neuer T
Marienleuchte, alter Tur
Flügge
Heiligenhafen
Staberhuk
Bülk
Eckernförde,
Hafeneinfahrt, alter T.
Friedrichsort
Friedrichsort,
alter T.
Eckernförde, Hafeneinfahrt
Eckernförde,
altes Leitf.
Eckernförde, Leitfeuer
Neuland
Heiligenhafen,
Warnfeuer
Struk-
kamphuk
Holtenauer Schleusen, Nord
Friedrichsort,
alte Laterne
Holtenauer Schleusen, Süd
Heiligen-
hafen
Rendsburg
Kiel
Dahmeshöved
Malente
Dahme
Plön
Mecklenburger Bucht
SCHLESWIG-
HOLSTEIN
Neu-
münster
Eutin
Neu-
stadt
Pelzer-
haken
Lübecker Bucht
Buk
Nord-Ostsee-Kanal
Travemünde,
Nordmole
Gollwitz-Nord
Scharbeutz
Timmen-
dorf
Itzehoe
Bad
Bramstedt
Timmendorfer
Strand
Travemünde
Bad Segeberg
Travemünde,
alter Turm
Poel
Lübeck
Wismar
Glückstadt
Bad Oldesloe
Elbe
Elmshorn
Pinneberg
Stade
Hamburg
Mölln
Schwerin
Buxtehude
Reinbek
Geesthacht
NIEDERSACHSEN
Ludwigslust
Buchholz
Winsen